AF543883

V&R

Jana Pfeffer

Kleiner Spielplatz der Persönlichkeitsentfaltung

Möglichkeiten erkennen, Veränderung leben

VANDENHOECK & RUPRECHT

Bibliografische Information der Deutschen Nationalbibliothek:
Die Deutsche Nationalbibliothek verzeichnet diese Publikation in der Deutschen Nationalbibliografie; detaillierte bibliografische Daten sind im Internet über https://dnb.de abrufbar.

Illustrationen: Jana Pfeffer
Umschlagabbildung: © Jana Pfeffer

Satz: SchwabScantechnik, Göttingen
Druck und Bindung: ⊕ Hubert & Co, Ergolding
Printed in the EU

Vandenhoeck & Ruprecht Verlage | www.vandenhoeck-ruprecht-verlage.com

ISBN 978-3-525-40045-6

Für Roland.
Danke, dass du mir geholfen hast, den Scheinwerfer auf meine Stärken und einzigartigen Ressourcen zu legen. Ohne dich wäre dieses Buch nicht entstanden.

Zumindest erzähle ich mir diese Geschichte. Am Ende weiß ich ja eigentlich nichts. Außer: Das Universum ist einfach krass …

Dieses Buch begleitet:

Inhalt

Lass uns noch einmal den Planeten mit den Augen eines
Kindes sehen
Und alles, was wir nicht verstehen, einfach blind hinnehmen
Mit dem Leben tief vereint in jedes Abenteuer springen
Fehler täglich verzeihen und vor dem Lagerfeuer singen
[...]
Nochmal im Regen tanzen und die Dinge neu entdecken
Nur an heute denken, nichts bereuen, und täglich Träume
wecken
Freude schenken, lieben und stets ohne Sorgen spielen
Voller Frieden schlafen und behütet und geborgen fühlen

Lass uns nochmal Fantasie wie einen riesen Schatz bewahren
Und die Welt als einen wundervollen Spielplatz erfahren
Lass uns noch einmal so kühn die eigne Norm erfinden
Lass uns nochmal Kind sein und von vorn beginnen

Bitte erinner dich
An deine Kinderaugen
Du bist ein Kind des Lichts
Du kannst der Freude einfach folgen und dem Leben blind
vertrauen
Seom (2014): Kinder des Lichts[1]

1 Abdruck des Textes mit freundlicher Genehmigung von Patrick Kammerer (Seom).

Einführung

Weißt du, was mir aufgefallen ist, als dieses Buch schon fast fertig war? Darin ist alles voller Spiralen, überall haben ich sie plötzlich entdeckt, obwohl sie eigentlich nicht zu übersehen sind.

Erst in diesem Moment sind sie mir in ihrer Vielzahl so richtig bewusst geworden – wie es vielleicht häufig ist mit Dingen, die unser Leben durchfluten und deren Vorhandensein uns um einiges später klar wird.

Das hat mich zum Nachdenken gebracht: Seit meiner Kindheit habe ich sehr viele Spiralen gemalt. Sie sind das Hauptelement meiner Bilder.

Es gibt kaum einen Zettel, einen Notizblock oder ein Heft in meiner Wohnung, wo nicht irgendwo Spiralenmotive von mir zu finden sind. Sie haben sich einfach so entwickelt. Und da sind wir auch schon mitten im Thema. Es hat sich »ent-wickelt«.

Als mir das Phänomen meines inflationären Spiralmalimpulses bewusst wurde, habe ich recherchiert, wofür die Spirale eigentlich steht. Die Spirale ist das älteste spirituelle Symbol für Begriffe wie Evolution und Schöpfung. Im Buddhismus steht sie für die Entwicklung hin zur Erleuchtung.

Die Spirale symbolisiert die unendliche Wiederkehr und versinnbildlicht den zyklischen Charakter von Entwicklungsprozessen. Sie ist ein Symbol der Energie, der unendlichen Bewegung, des ständigen Wandels und der (lebenslangen) Veränderung.

Abbildung 1:
Rahmenspirale

Abbildung 2:
Einleitungsspirale

Wir Menschen können sie beispielsweise als Spiralnebel, als Strudel in der Luft oder im Wasser, als DNS-Spirale in unseren Körpern entdecken (Grunert, 2023).

Als Symbol für Entwicklung und Bewusstwerdung und damit für die Substanz des Lebens selbst passt sie wunderbar zu diesem Buch. Das Spiralmotiv darf sich hier deshalb entfalten, wo es will.

Darüber hinaus bekommt das Spiralmotiv im Kontext dieses Buches eine konkrete und besondere Bedeutung: Ich verwende die Spirale als Leitmotiv, um einzelne Augenblicke darzustellen, und als Symbol für die abstrakte Einheit: ein Lebensmoment von dir, der in der Summe mit all deinen anderen Lebensmomenten dein Leben ergibt. Sie wird zu einem kleinen visuellen Begleiter durch dieses Buch.

Wie dieses Buch entstand

Auf der Suche nach *der Inspirationsquelle* für dieses Buch finde ich keinen Anfang. Genauso geht es mir bei dem Versuch, einen Anfang in der eigenen Persönlichkeitsentwicklung zu finden: Wir alle haben so viel erlebt, erfahren, Theorien und Ideen aufgeschnappt, erkannt, verworfen und wieder aufgegriffen, dass der Beginn des Ganzen schwer aufzuspüren ist.

Ein Teil der Inspiration meines Schaffens in Text und Illustrationen entstammt dem hypnosystemischen Denken von Gunther Schmidt, den systemischen Fortbildungsseminaren (Paar- und Familientherapie, Systemische Kompetenz) des FFAK Freiburg, diverser Literatur aus der

Abbildung 3:
Persönlichkeitsentwicklung

Resilienzforschung, Werken wie Eckart Tolles »Eine neue Erde« und den Podcastformaten »The Life Coach School« von Brook Castillo (2017), »Happy, holy & confident« von Laura Malina Seiler und den Resilienz-Interviews aus dem Podcast »Super Soul« von Oprah Winfrey.

Weitere Inspirationen konnte ich aus Gesprächen mit Mönchen in Sri Lanka gewinnen, die ich im Rahmen von Meditationsretreats führte, aber auch aus Workshops zur Körper- und Emotionsforschung, aus Achtsamkeitstrainings aller Art und aus meinen Interviews, die ich mit zahlreichen Menschen zu den Themen Persönlichkeitsentwicklung und Selbstsicherheit geführt habe.

All das habe ich aufgesogen, nachwirken lassen und hier in Destillation aufs Papier fließen lassen. Das geschenkte Wissen habe ich mit meinen Erkenntnissen gemischt und gebe sie hier als Ausdruck meiner Schlussfolgerungen in meinen Worten und meinen Bildern wieder. Wo immer mir der Anfang meiner Kreationskette bewusst ist, werde ich die Quelle so greifbar wie möglich machen und nennen.

Meine persönliche Leidenschaft ist es, Menschen in ihrer eigenen Persönlichkeitsentwicklung zu begleiten. Und deshalb habe ich nun ein ganzes Buch dazu geschrieben und gemalt.

Der Schlüssel zur Persönlichkeitsentwicklung ist in meinen Augen die Integration und Entwicklung des eigenen Bewusstseins. Genauer gesagt, das Bewusstsein für dich selbst und deine inneren Prozesse und für den Zusammenhang, den diese mit deinem Leben haben.

Für mich beginnt jeder Entwicklungsschritt mit dem Bewusstwerden und -sein in Form von Selbstreflexion. Damit meine ich, wenn wir zum jetzigen Zeitpunkt einmal »Spielstopp!« rufen würden und das Leben kurz anhalten, dann zeigt sich genau jetzt eine bestimmte Weise zu denken, eine bestimmte Weise zu fühlen und eine bestimmte Weise zu handeln. Es zeigt sich deine besondere Art, auf das Leben zu reagieren.

Worum es mir in diesem Buch geht

Im Zusammenhang mit Persönlichkeitsentwicklung habe ich schon viele Metaphern und Vergleiche gehört. Zum Beispiel: »Persönlichkeitsentwicklung ist wie ein Fitnessstudio für die Psyche« und »Neue Muster aufbauen ist wie Muskeln trainieren« oder die klassische Redewendung: »Man muss an sich *arbeiten*«.

Abbildung 4:
Synapsen

Ich stimme zu, dass es manchmal verdammt anstrengend sein kann, sich selbst zu entdecken, sich freizulegen und dann wieder von vorn anzufangen. Andererseits kann es manchmal auch ganz leicht sein.

So kam mir die Idee, mit meiner Psyche oder meiner Seele (oder beidem) lieber auf den Spielplatz zu gehen und genau dies auch mit den Menschen zu tun, die ich begleite. Denn ich glaube, dass das Spielerische unserer Seele gut tut und unsere Psyche und unser Körper diese Qualität brauchen.

Ich mag es, mich selbst zu reflektieren, und was ich aus dieser Leidenschaft entwickelt habe, ist die Fähigkeit, Impulse zur Selbstreflexion für andere Menschen zu basteln, die ich nach außen tragen kann.

Wenn ich Menschen systemisch begleite oder wenn ich über wirksame Elemente der Persönlichkeitsentwicklung spreche, nutze ich gerne meine eigenen Erfahrungen, die ich auch in meinem Podcast »Herzens Spielplatz« präsentiere. Ich erzähle dir von meinen persönlichen Erfahrungen, von etwas, was ich bei mir entdeckt habe, über das Bewusstwerden meiner eigenen inneren Prozesse. Konkret heißt das, ich lasse dich immer einmal teilhaben an dem, was da so den ganzen Tag in meinem Kopf und Körper passiert. So komme ich schön in einen authentischen Erklärfluss – mit meinen eigenen Metaphern und Denkansätzen.

Ich bekam oft die Rückmeldung, dass ich psychologische, menschliche und spirituelle Prozesse detailreich beschreibe, weil ich sie auch mit meinen eigenen Erfahrungen anreichere. Dies kann helfen, komplexe menschliche Prozesse und damit sich selbst zu verstehen.

Ergänzend bringe ich meine Expertise aus dem systemischen Coaching ein. Ich sehe mich als Systemikerin und als Frau, die bildhaft denken kann. Meine Beispiele sollen dir helfen, dich mit deiner Wirklichkeit auseinanderzusetzen, komplexe innermenschliche Prozesse und damit dich selbst zu verstehen.

Wann immer ich dir etwas aus *meiner* Erfahrungswelt darlege, wünsche ich mir, dass du daran denkst: Das ist alles *meins. Meine* Realität. Das sind *meine Prozesse.* Vielleicht erkennst du dich in der ein oder anderen Erzählung. Doch es sind am Ende Vorlagen, um in ein Thema einzutauchen, und die müssen komplett nichts mit dir zu tun haben. Viel spannender wird es für dich herauszufinden, was du auf dieser Reise an dir selbst entdecken kannst.

Dieses Buch schafft mit seinem Format einen einfachen Zugang zu teilweise sehr vielschichtigen Themen. Im Bereich *Wissenspopcorn* präsentiere ich leicht verpacktes theoretisches Wissen. Die praktischen Übungen zur Selbstreflexion schaffen einen einfachen Zugang zu den Themen und sollen dich anregen, deine inneren Prozesse zu erforschen.

Darauf möchte ich hier den Fokus legen. Ich möchte, dass ganz viel Raum entsteht, in dem du dich und das, was bei dir den ganzen Tag so innerlich abläuft, erkunden kannst.

Ein großer Teil dieses Buches wird getragen von Fragen an dich selbst. Das ist eine bewusste Entscheidung, denn ich liebe es, Fragen zu stellen. Ich benutze Fragen als Hilfestellung so, dass du in deinen Antworten und Reaktionen die Möglichkeit hast, dich selbst zu erkennen. Ich unterstütze dich als Begleiterin dabei, wenn du dich auf die Suche nach dir selbst begibst. Genau diese Rolle des Unterstützers, der Unterstützerin kannst auch du übernehmen. Denn: *Dein bester Coach bist du selbst. Manchmal braucht man nur jemanden, der dich daran erinnert.*

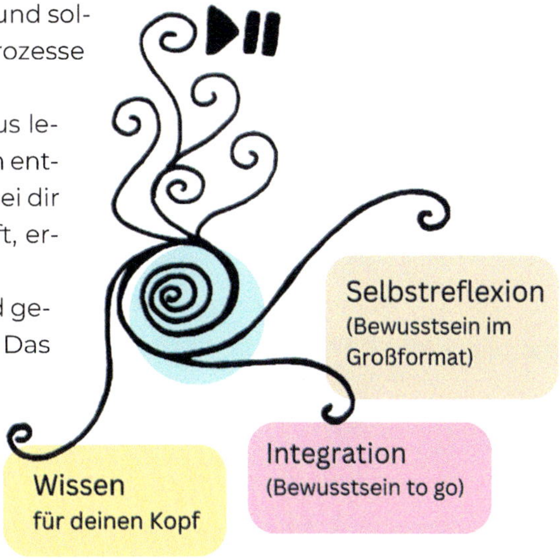

Selbstreflexion (Bewusstsein im Großformat)
Integration (Bewusstsein to go)
Wissen für deinen Kopf

Abbildung 5: Standbein

Unterstützer und Wegbegleiter sind gut. Am Ende wünsche ich mir außerdem, dass du Tools und Werkzeuge an der Hand hast, die du für dich in deinem Leben nutzen kannst, um den nächsten Entwicklungsschritt zu gehen.

Im letzten Buchteil findest du dann *Bewusstseinsintegrationsspiele* (BIS), die dir helfen können, dein Bewusstsein mit in deinen Alltag zu tragen und dort zu verfeinern. Es sind kleine Integrationshelfer, die du dir überall an die Seite holen kannst, um Veränderungen zu leben.

Als Begleiter für dieses Buch und darüber hinaus wünsche ich dir *Neugier.* Nimm sie während deiner Lektüre mit, vor allem, wenn es

Abbildung 6:
Ent-wickele

um die Selbstreflexion geht. Ich wünsche dir, dass du in das freudige Staunen eines kleinen Kindes schlüpfst, dein imaginäres Forscheroutfit und die dazu passende kindliche Neugierbrille aufsetzt und mit diesen Augen deine Welt oder Teile davon betrachtest. Denn: Neugierde ist der größte Motivator für Lernen, Veränderung und Bewusstseinserweiterung.

Außerdem ist sie für mich ein Transformator von (konditionierter) bislang eher negativer Bewertung und Verurteilung in Verständnis für jegliche Andersartigkeit und Empathie für das, was uns (noch) nicht zugänglich ist.

So ist dieses Buch ein Fachbuch mit Workbookelementen geworden, einer Mischung aus Wissenspäckchen, Selbstreflexionsimpulsen und Anwendungstools. Ich möchte dich ein Stück begleiten, damit du deinen Spielplatz, dein ganz eigenes System kennenlernst. Viel Spaß dabei!

Deine Jana

Der Spielplatz und die Persönlichkeitsentfaltung

Weißt du, was die pädagogische Idee hinter Spielplätzen ist? Auf Spielplätzen finden kleine Menschen Gelegenheit, ihre Fähigkeiten zu entdecken, Fertigkeiten zu erlernen, zu erproben, auszubauen und eigene Grenzen zu testen.

Wenn du dich mit diesem Buch auf den Spielplatz deiner Persönlichkeitsentfaltung begibst, dann tust du genau das. Du entdeckst dich selbst und probierst etwas Neues aus, indem du die einzelnen Stationen dieses Buches durchläufst und dich von ihnen durchlaufen lässt. Du bekommst dafür kleine Anleitungen, wie du dein Leben ausfüllen kannst, eben auch mit dir selbst. Für eine tiefere Integration kannst du deine Erfahrungen und Erkenntnisse im Workbook »Platz für meine Erkenntnisse« sammeln, das als Downloadmaterial zur Verfügung steht. Den Zugang zum Downloadmaterial findest du unter Eingabe des hinten im Buch abgedruckten Codes im Verlagswebshop beim Buchtitel im Downloadbereich.

Wenn du den Spielplatz hier findest, dann bist du auch ganz schnell im Feld des »inneren Kindes« (Stahl, 2015). Bei allen Entwicklungsschritten, die du durchläufst, kommst du immer wieder in Berührung mit deinem inneren Kind. Ein weiterer Aspekt ist, dass auf Spielplätzen nicht nur der Kopf, sondern der ganze Körper gefordert ist. Auch das ist wichtig für tiefgreifende Veränderungen.

Was ist persönliche Entwicklung für mich?

Früher dachte ich, dass persönliche Entwicklung bedeutet, darüber nachzudenken, wo man hinwill, was man erreichen möchte und wie man es erreichen kann: indem ich mir Fähigkeiten aneigne, indem ich bestimmte Orte besuche, indem ich bestimmte Tätigkeiten oder Eigenschaften ausübe oder nicht tue. Als ob man bestimmte Dinge tun muss, um irgendwo hinzukommen.

Irgendwann änderte sich meine Sichtweise.

Im Wort »entwickeln« steckt »Ent-wicklung«. Das bedeutet, es wird etwas freigelegt, was im Kern schon vorhanden ist.

Für mich geht es hier um das reine und wahre »Sich-selbst-Entdecken« durch das »Ent-wickeln« all der Geschichten, die du von anderen übernommen oder selbst erlebt hast. Du musst dir, meiner Meinung nach, nichts hinzufügen.

Du darfst sie freilegen und für dich lernen, dich selbst mit all deinen Facetten zu verstehen, zu navigieren, um mehr von dir zu werden, mehr von dir auszudrücken. Auch dort, wo du es bisher aus wahrscheinlich sehr guten Gründen nicht getan hast.

Puzzleteile in eine neue Welt

Neben Barbie- und Legowelten, die ich erschuf, war ich ein Nintendo-Kind der 1990er Jahre, zumindest phasenweise. Mein Lieblingsspiel war »Banjo Kazzooie« (Nintendo 64, 1998), in dem man in verschiedenen Welten Puzzleteile gesammelt hat. Wenn man alle Puzzleteile zusammengefügt hatte, öffnete sich eine Tür zu einer neuen Welt. Dort suchte man dann die nächsten Puzzleteile für die nächste Welt, das nächste Level und erlebte auf dieser Reise kleine und große Abenteuer. So findet jeder auf seiner Entwicklungsreise seine individuellen Puzzleteile.

Abbildung 7: Puzzleteile

Abbildung 8:
Inneres Mädchen

In diesem Buch möchte ich dir erzählen, welche Erkenntnisse und welche Tools bei mir Veränderungen bewirkt und mich unterstützt haben. Ich gebe dir Impulse als Wegbegleiter für deine Entwicklung, für deine Reise auf der Suche nach deinen Puzzleteilen.

In meinen Erklärungen verwende ich viele Metaphern, die eine Verbindung zwischen kindlichem Spiel und kindlicher Entwicklung und deiner eigenen Persönlichkeitsentwicklung herstellen.

Es gibt eine Vielzahl an pädagogischen Spielen, um Kindern das Lernen neuer Fähigkeiten oder Qualitäten einfacher zu machen. Warum überlegen wir uns nicht mehr Spiele, um Erwachsenen das Lernen neuer Begabungen, und vor allem das Einbringen von Bewusstsein in den Alltag, einfacher zu machen?

Challenge accepted! Ich tue es mit diesem Buch.

Wenn ich eines über persönliche Entwicklung weiß: Wenn große Veränderungen in einem selbst passieren, dann merkt man das daran, dass sich diese ersten Schritte anfühlen wie die eines kleinen Kindes, das sich selbst und die Welt neu entdeckt.

Genauso wie du als Kind, zu Beginn deines Lebens, die physikalischen Gesetze der Welt und vor allem die darin enthaltenden Möglichkeiten für dich erkannt hast, ist es nun für dich als erwachsene Person, deine Umgebung mit all ihren Facetten und innewohnenden Chancen noch einmal neu zu entdecken.

Ideen, das Buch zu nutzen

Im Folgenden liste ich dir ein paar Ideen auf, wie du dieses Buch nutzen kannst:

1. Du kannst es für dich selbst nutzen, um für dich »Me Search« zu betreiben. Dafür kannst du es einfach chronologisch durchgehen. Nach dem Motto: einfach drauf los.
2. Du teilst dir den Inhalt auf. Die Fragen gehen teilweise sehr tief. Unterschätze nicht, wie sie nachwirken können. Gerade beim Reflexionsteil würde ich dir deshalb empfehlen, dir Zeit zu lassen. Vielleicht magst du dir hier deinen eigenen Rhythmus wählen, beispielsweise jeden Tag einen Abschnitt.
3. Du kannst im Buch herumspringen, in beliebiger Reihenfolge. Hier kannst du dich anhand der Themen der Spielplatzelemente orientieren und dir einfach ein bestimmtes Thema aussuchen, das gerade aktuell für dich ist, oder ein Spiel, das dir gefällt.
4. Du kannst die Impulse und Fragen für andere Menschen nutzen, um ihnen dabei zu helfen, genauer in sich hineinzuschauen und um sie in gemeinsame Gespräche einfließen zu lassen. Hier sind dir keine Grenzen gesetzt. Nutze sie, um noch tiefer zu tauchen mit Personen, die dir jetzt schon nahestehen, oder pack sie ins nächste Date hinein und ich garantiere dir, du hast eine Abkürzung aus dem klassischen Smalltalk heraus gefunden.
5. Du kannst die Inhalte des Buches nutzen, falls du selbst in einem Begleitungsrahmen tätig bist und oder das gerne sein möchtest. Es gibt systemische Therapeuten, Berater, Coaches, Trainer und Fachmenschen, die sich auf andere Ansätze fokussieren. Erstere werden wahrscheinlich besonders oft zu diesem Buch greifen. Ich werde in diesem Buch den Begriff »systemischer Begleiter« verwenden, bezeichnend für alle Arten von systemischem Wirken. Denn auch als Sozialarbeiter oder Teamleitung kannst du systemisch wirken.

Abbildung 9:
Eine Runde

In die systemische Arbeit kannst du die Anregungen dieses Buches hineinfließen lassen, um dir selbst und deinen Klienten auf spielerische Art Wissen näher zu bringen und praktische Tools an die Hand zu bekommen. Hierfür kannst du dir die verschiedenen Reflexionsteile und Spiele nehmen und für deine persönlichen Anwendungsfelder nutzen.

6. Du kannst dieses Buch verschenken.

Abbildung 10:
Unendlichkeit

Aufbau und Struktur des Buches

Abbildung 11: Kopf – Herz

Ich habe gemerkt, dass ich manchmal ein ziemlicher Kopfmensch sein kann, aber natürlich auch ganz und gar ein Herzmensch. Was in meinem Leben am Ende zählte und transformierende Wellen schlug, war, Schritt für Schritt zu lernen, beides zu verbinden und diese Zugänge, diese Quellen gemeinsam für mich zu nutzen. Und das tue ich bis heute: Kopf und Herz miteinander tanzen zu lassen und daraus meine Entscheidungen für die nächsten Schritte zu treffen.

Als ich mit der Arbeit an diesem Buch anfing, hatte ich zunächst keine Lust auf einen Theorieteil. Jedoch weiß ich auch, dass Theorie Spiel und Spaß nicht ausschließt. Ich habe schnell festgestellt, dass es ohne Theorie nicht gehen kann. Kopf (Wissen und Denken) und Körper (Emotionen) sind eng miteinander verknüpft – sie sind richtige Teamplayer.

Wir brauchen den Kopf und das analytische Denken für unsere Weiterentwicklung. Deswegen gibt es hier im Buch immer mal wieder *Wissenspopcorn* für den Kopf. Damit er versteht, wo die Reise hingeht, und vor allem, damit er sitzenbleibt und sich den Persönlichkeitsentwicklungsfilm weiter anschaut und nicht bei der ersten überfordernden Szene wegrennt oder dir den Impuls gibt wegzurennen.

Als das Buch Gestalt annahm, fragte ich mich: Welches Fundament braucht es für den Spielplatz deiner Persönlichkeitsentfaltung? Zu welchen Bereichen möchte ich dich einladen, um diesen dein Bewusstsein zu schenken? Diese Bereiche habe ich den klassischen Elementen eines Spielplatzes zugeordnet. Dazu hier eine kleine Übersicht:

Sandkasten

Konstruktivismus & Deine Geschichte

Karussell

Deine Gedankenwelt

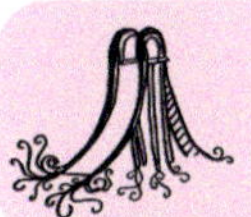

Rutsche

Deine Gefühlswelt

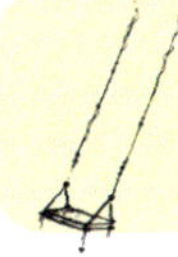

Schaukel

Selbstwirksamkeit & schöpferisch Handeln

Klettergerüst

Resilienz & Ressourcen

Nestschaukel

Veränderungen leben & Gegenwind

Wippe

Integration & dein neues Normal

Bewusstwerden

Wenn ich Menschen begleite, dann folge ich dabei einer Struktur, die im Kern immer auf dieselben Grundelemente zurückzuführen ist.

Die Basis dieser Begleitung ist unser Gespräch. Von diesem nehmen wir immer mal wieder eine Abzweigung über meinen Impuls- und Methodenkoffer. Mein Begleitungskonzept (Coachingkonzept) gliedert sich in folgende Schritte:

I. Bewusstwerden im Großformat. Du schenkst dir eine Entdeckungsreise für deine inneren Prozesse – wie eine Art Standortbestimmung zu deinem inneren System.

Abbildung 12:
Bewusstwerden im Großformat

II. Bewusstwerden to go: Du trägst dein Bewusstsein in deinen Alltag. Das schafft die Basis neuer Möglichkeiten.

Abbildung 13:
Bewusstsein to go

Integration und Kultivieren: komplexe menschliche Prozesse und damit sich selbst zu verstehen.

III. Du kreierst deine neuen Möglichkeiten im Alltag und sammelst neue Erfahrungen für Kopf und Körper.

Abbildung 14:
Integration

Genau wie im Begleitungsrahmen werden die Kapitel dieses Buches ebenfalls auf diesen drei Bereichen aufgebaut sein. Hier im Buch fehlt natürlich das verbale Gespräch, dafür gibt es hier Fragen und im Downloadmaterial Schreibfelder als Basis, von der aus ich dich begleite: Vom Bewusstwerden bis zum Verändern, vom Integrieren hin zum neuen Normal.

Dein »Bewusstsein im Großformat« kannst du füttern durch die Reflexionsfragen und die Tools, die ich an den passenden Stellen als Impuls mit reinlege, deshalb nenne ich diese »BIG-Tools« für »Bewusstsein im Großformat-Tools«.

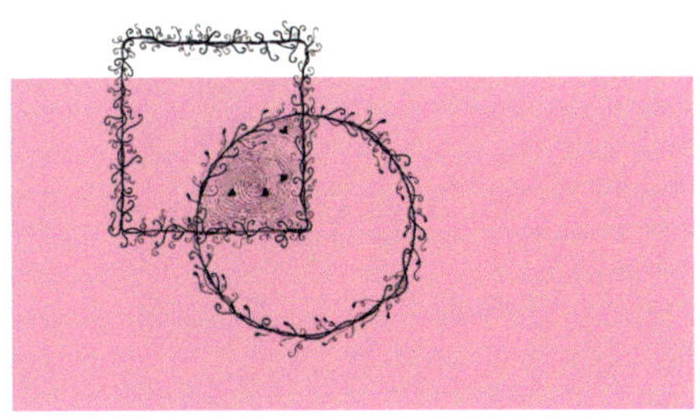

Wenn du deine Lieblingsfragen und Tools mit in deinen Alltag nimmst, sie dir selbst in einer Szene deines Lebens stellst, fütterst du damit dein »Bewusstsein to go«.

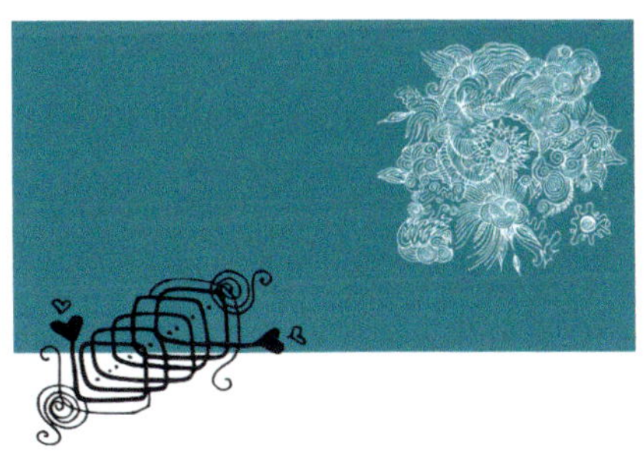

Für die Ausdehnung deines Bewusstseins to go in die Integration des Neuen (neue Momentstückchen, in reiner Form, also ohne alte Ge-Schichten daranhängend) sind in erster Linie die »Bewusstseinsintegrationsspiele« (BIS) gedacht.

Am Ende gehen die drei Elemente Hand in Hand und ergänzen sich gegenseitig, können aber auch allein für sich stehen und wirken. Wie es eben meistens ist. Ein Element kann allein rund, gefüllt, satt und daraus wirkend sein und im Zusammenspiel mit anderen Elementen diese Qualität vergrößern.

Formel für Veränderungen

Bewusstein im Großformat

+

Bewusstsein to go

+Integration
durch
Erneuerungsspielchen

= Kreation neuer Momentstückchen
(+ Wiederholung)

= dein neues Normal

Abbildung 15:
Formel

Spielstopp als Pause zur Selbstreflexion

Bestimmt fällt dir etwas ein, wenn du dich an deine Kindheit erinnerst, an Situationen, in denen du mit Freunden in Spiele vertieft warst, in denen weder Zeit noch der aktuelle Raum wichtig waren. Vielleicht kennst du folgende Situation noch von früher: Wenn man mitten in einer spannenden Beschäftigung zum Essen gerufen wurde, dauerte es etwas, um wieder in die Realität zurückzukommen. Kennst du es, »Spielstopp« zu rufen, wenn man in ein Spiel vertieft war? Dann hielt man mal kurz das Spiel an, weil man auf Toilette gehen oder was essen wollte (oder »sollte«), stieg kurz aus.

Genau das machst du auf den folgenden Seiten auch. Du rufst (oder liest) mal kurz »Spielstopp!« und dann gebe ich dir Impulse, um dich und dein Leben in einem konkreten Teil anzuschauen. Danach kannst du wieder einsteigen oder eben nicht bzw. umsteigen auf ein anderes. Aber das entscheidest du.

Die Antwortfelder sammeln ausgewählte Bereiche deines Lebens, um sie für dich einzufangen und festzuhalten. Dafür drehen wir eine Runde auf deinem Spielplatz (in deinem System) und besuchen jedes Element: vom Sandkasten bis zur Rutsche.

Tipps für die Selbstreflexion

Da ich hier teilweise meine Gedanken, mein Erleben und meine Erfahrungen mit einbringe, wünsche ich mir, dass du eigenverantwortlich mit den Dingen umgehst, die ich von mir erzähle

Dein inneres Kind ist stets herzlich willkommen, doch prüfe als Erwachsener, prüfe für dich deine Resonanz in Bezug auf die Dinge, die ich von mir erzähle. Prüfe, wo du dich wirklich erkennst, und vertraue dir selbst, wenn du etwas von mir liest, womit du gar nichts anfangen kannst oder was auf Ablehnung bei dir stößt. Nimm dir nur das, was zu dir gehört. Du wirst merken, wo du dich erkennst und wo nicht. Alles andere lass gerne einfach liegen.

Passend zu diesem Buch habe ich dir ein Workbook gestaltet, das du im Downloadmaterial findest und dir gerne herunterladen und ausdrucken kannst.

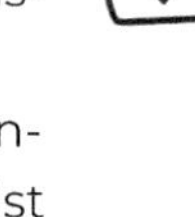

Alternativ kannst du dir ein schönes Notizbuch dazulegen. In manchen Spielen gibt es Anregungen für kleine Skizzen. Das Notizbuch ist sehr hilfreich, wenn du deine Lieblingsspiele und Gedanken oder auch eigene Skizzen festhalten möchtest. Ich selbst mache mir auch gerne Notizen dazu, was ich so wahrnehme bei mir.

Um über die Reflexionsfragen »Me Search« zu betreiben, Teile von dir einzufangen zu können, gebe ich dir folgende Tipps:

- Nimm dir Zeit. Schaffe eine Umgebung, in der du dich wohl und sicher fühlst. Schau dir alle Fragen in Ruhe an und mach eine Pause, wann immer dir danach ist.
- Beantworte die Fragen so ehrlich und authentisch wie möglich. Das Schöne ist: Du bist ganz frei. Sei ehrlich zu dir selbst, denn die Fragen sind nur für dich bestimmt. Kein Mensch muss deine Antworten jemals lesen noch jemals verstehen.
- Ich kenne das selbst, manchmal wird man bei Fragen verkopft und tendiert dazu, diese zu zerdenken, insbesondere je länger man da-

rüber nachdenkt. Hier gebe ich dir den Tipp: Vertraue deiner Intuition, also schau, was dir als Erstes in den Sinn kommt.

Alternativ kannst du auch festhalten, was dir als Erstes in den Sinn kommt und dann das, was sich bei intensiverer Reflexion zeigt. Du schreibst aus einer Momentaufnahme heraus. Selbstverständlich kann die Antwort am Abend schon wieder anders aussehen als am Morgen. Gib den Anspruch ab, dass es eine ultimative Antwort gibt. Das Wichtigste: Stress dich nicht. Bei den Fragen gibt es kein Richtig oder Falsch. Auch wenn du gar keine Idee hast und dir nichts einfallen will, ist das vollkommen ok. Springe, streiche, ergänze, schmeiß weg, kritzle die Seiten voll, kehre zurück oder wiederhole sie. Mach all das, was du magst.

Es ist *dein* Spielplatz.

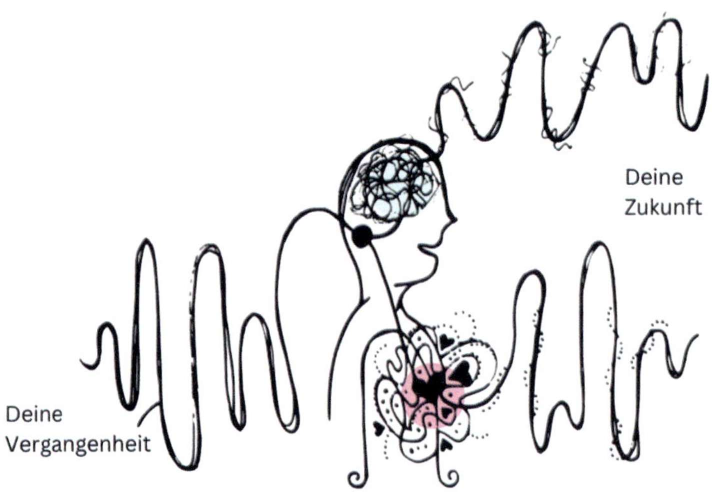

Abbildung 16: Intuition

Systemisches Spielplatzfundament

Ich bin im Rahmen von Beratungsgesprächen in der Familientherapie zum ersten Mal mit der systemischen Sichtweise in Berührung gekommen. Hier fand ich im Außen einen Namen für etwas, was ich schon längst tat.

Wissenspopcorn

Systemiker*innen, systemisches Denken und Wirken

Als Schlüssel zur Steuerung komplexer Systeme stellen Systemiker die Selbstorganisation und Eigenverantwortlichkeit jedes Individuums in den Mittelpunkt. Wirkungsvolle Hilfe kann nur die Unterstützung zur Selbsthilfe sein (vgl. Marquardt, 2023). Verschiedene Berufsgruppen lassen das systemische Denken individuell einfließen, hier können auch die Definitionen unterschiedlich ausfallen. Die gemeinsame Basis des »systemischen Denkens« liegt im »Denken in größeren Zusammenhängen« und in der erhöhten Aufmerksamkeit auf Entwicklung anstatt auf (Ist-)Zustände (vgl. Kreutzer, 2020).

Wisst ihr, was mich als Kind ausgemacht hat? Ich habe mich immer und überall in jeden hineinversetzt. So sehr, dass ich gefühlt jeden um mich herum verstehen konnte in dem, was er oder sie tat. Es war wirklich so, als würde ich für einen Moment in diese Person hineinschlüpfen und durch ihre Augen nach draußen in die Welt schauen. Mit einem Blick, der auf den Erfahrungen aufbaut, die dieser Mensch gemacht hat, mit all seinen persönlichen Prägungen und Schlussfolgerungen. Ich konnte sogar die Verhaltensweisen verstehen, die ich nicht mochte oder die ich ablehnte.

Dann habe ich vom Ansatz der systemischen Beratung gehört. Das bedeutet, Menschen da abzuholen, wo sie gerade sind, und sie zu begleiten. Bevor es auf deinen eigenen Spielplatz geht, werde ich dir den systemischen Ansatz erläutern, der die Grundlage meiner Arbeit bildet.

Wissenspopcorn

Systemischer Ansatz: Basiselemente

Wechselwirkungen und Kontextualisierung: Die Ursprünge des systemischen Ansatzes liegen in der Familientherapie (Satir, 1975), wonach das gesamte System im Prozess tatsächlich miteinbezogen wird. Allerdings kann man diese Haltung auch mitnehmen und eine Person aus diesem System begleiten. Das System wird dabei immer mitgedacht, muss aber nicht konkret eingebunden werden. Systemiker gehen davon aus, dass kein Ausdruck, kein Verhalten einer Person ohne die Wechselwirkungen dessen Kontextes, dessen gesamten Systems (z. B. eine Familie oder ein Team) zu verstehen ist (vgl. Schwing u. Fryszer, 2016). Herausforderungen und auch der Umgang mit diesen (Lösungen) entwickeln sich in diesem Kontext selbst.

Als Systemiker sind wir überzeugt vom *Streben nach Harmonie und Sicherheit*. Jedes Individuum hat das höchste Ziel, sich selbst in ein Feld der harmonischen Sicherheit zu begeben. Jedes System kann und möchte sich immer wieder selbst erneuern, um in einen ausgeglichenen Zustand zu kommen, und tut das auf für das System bestmögliche Weise. Wenn mal Chaos da ist, Stress, Konflikte und Streit, also eine Dysbalance, strebt jedes System, jeder Mensch an, wieder Balance zu kreieren. Demnach können die individuellen Verhaltensweisen als Lösungsansätze für diesen Zustand angesehen werden.

Verständnis und Sinnhaftigkeit: Der systemische Ansatz folgt folgender Grundhaltung: Alles, was ein Mensch tut, ergibt absolut Sinn aus der Perspektive dieses Menschen heraus, für dessen System. So betrachte ich auch meine Mitmenschen.

Jeder Ausdruck, jedes Verhalten, jedes »Symptom« hat einen Sinn. Im systemischen Ansatz fragen wir die Person selbst (oder ihr Bezugssystem) nach diesem Sinn, nach der Funktion hinter diesem Verhalten (vgl. Schwing u. Fryszer, 2016). Denn sie ist Experte dafür und trägt die Antworten in sich.
Manchmal braucht es nur eine Begleitung, um zu dieser Antwort zu kommen, weil sie nicht direkt präsent ist.

Den Menschen, die ich begleiten darf, erkläre ich das gerne so: *Der Coach bzw. Berater wird zum Co-Konstrukteur für das System, die Welt des Klienten.* Er schafft in meinen Augen einen Raum, in dem der Klient/die Klientin sich erfahren und ausdehnen kann, um sich selbst und seine Möglichkeiten zu erkennen.

Mir fällt dazu die Anregung eines Dozenten aus meiner Ausbildung ein, der meinte: Wann immer du glaubst zu wissen, was beim anderen los ist oder was eine Lösung für eine Situation wäre – du demnach eine Interpretation (Hypothese) über den anderen aufstellst –, »bleib ruhig, stell dich innerlich in eine Ecke und warte bis der Hypothesenanfall vorbei ist« (vgl. Modulinhalte, Systemische Coaching Akademie Schweiz). Wenn ich mit vielen Möglichkeiten der Interpretation konfrontiert bin, sage ich zu mir selbst: »Atme und warte, bis der Anfall vorbei ist.«

Der Klient ist der Experte für sich und sein System. Diese Haltung und das Wirken aus dieser schlägt zwei systemische Fliegen mit einer Klappe: Auf der einen Seite kommt der Klient in seine Eigenverantwortung, in seine Selbstwirksamkeit und wird zur Selbsthilfe angeregt. Und auf der anderen Seite verschafft sich der Coach und/oder Therapeut durch diese Haltung Sicherheit, sich nicht in eine Deutungshoheit zu verlieren, nach dem Motto: »Ich weiß, was dir guttut.« Jede Interpretation aus meiner Sicht als Begleiterin schafft in meinen Augen direkt eine Trennung und nimmt dem Klienten die Macht. Genau das möchte ich als systemischer Begleiter nicht.

Abbildung 17:
Ressourcen

Damit bietet der systemische Ansatz auch *Hilfe zur Selbsthilfe*, um eigene Lösungen für Herausforderungen zu entwickeln und wirkt demzufolge nachhaltig.

Besonders gefällt mir die *Zukunfts- und Lösungsorientiertheit* (vgl. Schwing u. Fryszer, 2016). Hier liegt das Hauptaugenmerk darauf zu schauen, wo deine Verhaltensweisen herkommen, um Selbstliebe und Akzeptanz für sich selbst zu erschaffen. Der Fokus liegt jedoch auf der Zukunft, auf Fragen wie: »Was braucht es, um dorthin zu kommen, wo du sein willst?« oder: »Wie fühlst du dich, wenn du da bist, und was braucht es, um dich so zu fühlen?«.

Die eigentliche Basis des Begleitungsrahmens aber ist die Ressourcenorientierung.

Das bedeutet, die Ressourcen stehen im Vordergrund, sie sind in jedem Menschen in irgendeiner Form zu finden. Bestenfalls schaffen wir als Coach oder Berater einen Rahmen, in dem der Klient diese entdecken kann. Die Ressourcenorientierung wird im Kapitel »Klettergerüst« ausführlich behandelt.

Ent-wickeln: Lege deine (Ge-)Schichten ab

Die Kernessenz meiner Begleitungsarbeit lautet: Wie du dein Leben erlebst, hängt nicht von den Umständen ab, die du erlebst, sondern von der Geschichte, die du dir zu diesen erzählst.

Dabei geht es nicht um die vermeintliche Realität, sondern um die Bedeutung, die du den Elementen gibst. Und damit sind wir im Bereich der hypnosystemischen Therapie angekommen. Der Begriff wurde von Gunther Schmidt (2022) geprägt und verbindet Methoden der Hypnotherapie mit systemischen Beratungsansätzen.

Was ist eigentlich »Hypnose«?

Hypnose ist ein Entfernen von einem bestimmten Zustand und damit ein Eintauchen in einen anderen Zustand (Trancezustand), aus dem ein Fokussieren nach innen oder auf bestimmte Dinge entsteht.

Im Prinzip tust du den lieben langen Tag nichts anderes, als dich selbst zu hypnotisieren. Am Ende ist diese Trance ein gewöhnlicher Zustand, in dem wir uns mehrfach am Tag befinden. Es ist so ähnlich wie ein (Tag-)Traum, wo man sich auf den Inhalt fokussiert. In diesem veränderten Bewusstseinszustand ist die Aufmerksamkeit erhöht und damit eine Fokussierung möglich, die in der Regel genutzt wird, um vom Bewusstsein auf das Unterbewusstsein gelegt zu werden.

Beispielsweise fährst du mit dem Auto eine bekannte Strecke und weißt bei der Ankunft nicht, wie die Fahrt genau war. Das ist der Beweis, dass du dich in einem leichten Trancezustand befunden hast. Bei einer Hypnose ist dieser Zustand beabsichtigt oder wird zu einem bestimmten Zeitpunkt herbeigeführt, da hier eine andere Person mit im Spiel ist (vgl. Schmidt, 2022). Am Ende hypnotisieren wir uns also den ganzen Tag immer wieder, oft mit denselben Inhalten und Gedankengängen.

Jeder von uns befindet sich hin und wieder in einem Zustand, indem er oder sie sich auf etwas konzentriert. Die eigene Aufmerksamkeit wird selektiv auf einen bestimmten Bereich der Realität gelegt. Mit deiner selektiven Wahrnehmung hypnotisierst du dich dann quasi selbst. Du kannst dir gerne die Frage stellen: Womit hypnotisierst du dich gerade?

Andauernd erzählen wir uns Geschichten zu den Dingen um uns herum. Nach dem Motto: »Das ist was Gutes, das da ist was Schlechtes, das hier sollte mir nicht passieren, das hier sollte mir unbedingt passieren.« Wir suchen uns die Realität aus, nach der wir handeln möchten. Du kannst deine Aufmerksamkeit auf Angstgeschichten oder auf vertrauensvolle Geschichten legen. Es kommt immer darauf an, was du dir erzählst.

»Probleme«, Krisen und Herausforderungen sind nicht einfach da, weil sie da sind. Sie werden hier also selbsthypnotisch erzeugt. Eben durch die Art, wie wir selbst (in der Regel unbewusst) die Vorlagen der Umwelt für uns einordnen. Gunther Schmidt (2021) beschreibt es so: Es ist nicht eine Krise vorhanden, sondern diese entsteht durch die Bedeutung, dass etwas nicht sein darf, dass es schlimm ist oder dass es keine Lösung dafür gibt.

Abbildung 18: Bedeutung

In meiner Begleitung geht es um die Umlenkung deiner Aufmerksamkeit auf deine Fähigkeiten und Kompetenzen. In der Hypnosystemik sind alle Zustände, alle Möglichkeiten in dir drin, jederzeit. Du musst diese nur aktivieren, freilegen, dich von deinen (Ge-)Schichten entwickeln.

Für diesen Umlenkungsmechanismus gebe ich dir verschiedene Ideen und Spiele an die Hand. Ich frage dich zum Beispiel: Wer wärst du ohne deine Geschichte?

Lebensmomentstückchen und »Me Search«

> Achte auf deine Gedanken, denn sie werden Worte.
> Achte auf deine Worte, denn sie werden Handlungen.
> Achte auf deine Handlungen, denn sie werden Gewohnheiten.
> Achte auf deine Gewohnheiten, denn sie werden dein Charakter.
> *Charles Reade (1814–1884)*

Alles wäre ganz einfach, wenn wir alle so leben würden, uns diesen Ausspruch immer wieder ins Bewusstsein rufen und verinnerlichen, dass in diesem Jetzt unser Leben von uns erschaffen wird.

Abbildung 19:
Jetzt

Ich möchte es jetzt so einfach wie möglich erklären: Das hier ist keine Zimtschnecke. Das hier ist ein Lebensmomentstückchen:

Abbildung 20:
Lebensmomentstückchen

Die Lebensmomentstückchen zusammen ergeben dein Leben:

Abbildung 21:
Dein Leben als Summe

Unser Leben besteht also aus lauter Lebensmomentstückchen, die aneinanderhängen, egal ob wir sie in Zeiteinheiten (Minuten, Sekunden) oder Erfahrungseinheiten (»erst erlebte ich das und anschließend jenes«) einteilen, um sie zu beschreiben. Dein Leben (und somit auch deine Zukunft) besteht genau *aus diesem täglichen Stoff.* Du selbst füllst diese Lebensmomentstückchen mit deinen individuellen Inhalten. Dafür erhältst du in diesem Buch Impulse, die dich darin unterstützen können, deine individuellen Inhalte erkennen zu können.

Stell dir vor, wir zoomen mal in einem Augenblick in einen Menschen hinein, der so wie du gerade hier auf der Welt sein Leben gestaltet.

Stell dir vor, wir schauen uns jetzt nicht den physischen Körper an, sondern die inneren Prozesse. Dann finden wir voraussichtlich folgende Grundelemente als Basis: Gedanken, Körperempfindungen und Gefühle.

Abbildung 22:
Innenschau

BIS 1

Inneninventur

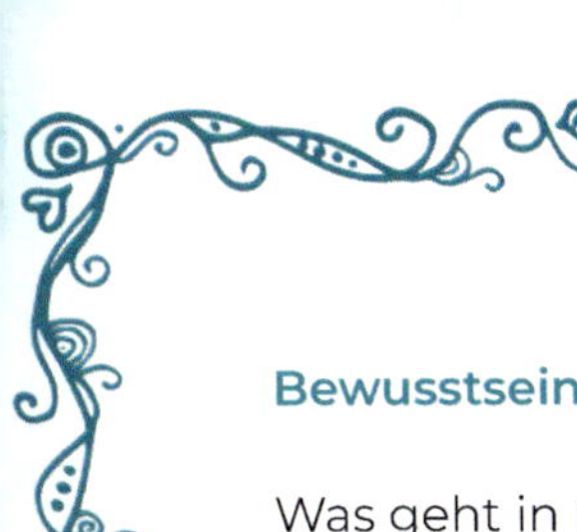

Bewusstseinsintegrationsspiel 1: »Inneninventur«

Was geht in meinem Kopf und meinem Körper ab?

Bei meiner eigenen Bewusstseinsentwicklung, die ich durch intensive Meditationserfahrungen erlebte, wollte ich alle meine Gedanken »wegkriegen«. Ich schrieb meinen Gedanken die Schuld für die Gefühle zu, die ich nicht fühlen wollte und Zustände, die ich nicht erleben wollte.

Ich erkannte, dass es darum geht, meine Gedanken und Gefühle als Teil von mir anzunehmen und sie zu akzeptieren.

Stell dir vor, all der Inhalt in deinem Kopf ist da und du machst Inventur. Mache eine Bestandsaufnahme von allem, was da ist. Du hast keine Ahnung, für welchen Zweck etwas genutzt wird. Du schaust dir deine Gedanken und Gefühle wie Formen an und scannst, dass sie da sind.

Den entdeckten Inhalt dieser Innenschau kannst du als Beobachter beschreiben. Hilfreich sind hier die Satzeinleitungen angelehnt an »Ehrliches Mitteilen« nach Gopal Norbert Klein (2022):

- »In meinem Kopf denkt es«/»Mein Kopf denkt (ich muss jetzt irgendwas Aufregendes finden) …«,
- »In meinem Körper ist das Gefühl von (Freude, Unsicherheit) …«,
- »Mein Körper spürt … (ein Ziehen in meinem Nacken, eine Enge in meinem Hals).«

Spiel damit, in deinem Alltag immer mal wieder innezuhalten, reinzuzoomen und durchzuscannen, was die jetzigen Gedanken und die Gefühlsinventur hergeben.

Ohne Bewertung und ohne entscheiden zu müssen, was du damit tun wirst. Stell dir vor, wie du all deine Gedanken, Gefühle und Körperempfindungen einfach mal in Regale verstaust, sie in einem Ordnungssystem deiner Wahl nebeneinandersetzt, wie du das möchtest und einfach nur anerkennst, dass sie da sind.

Wie finde ich heraus, woraus meine Lebensmomentstückchen bestehen?

Wenn wir nun eines deiner Lebensmomentstückchen, in denen du dein Leben erschaffst, sezieren würden, dann finden wir höchstwahrscheinlich heraus, dass diese immer aus folgender Kette bestehen:

Gedanken (G) – Gefühle/Emotionen (E) – Handlung/Verhalten (V)

In der Verhaltenspsychologie nennt man dies »kognitive Triade« (vgl. Scholz, 2022).

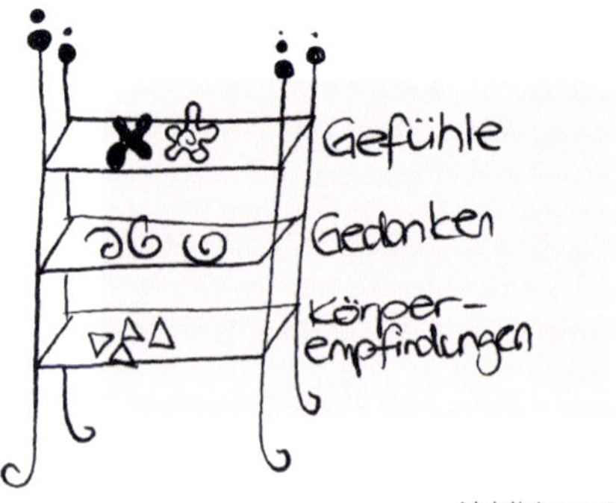

Abbildung 23:
Inventur

Abbildung 24:
Kognitive Triade

Ich betrachte mich und dich als kleine Systeme einbettet in ein größeres System (dein Umfeld, deine Umwelt, die Welt usw.). Die Aussagen, die aus der systemischen Haltung heraus über diese gemacht werden, gelten also auch bildlich gesprochen für mich und dich. Alles, was ich tue, ergibt für mein System den höchsten Sinn, ich versuche mich stets selbst zu erneuern, so gut ich kann.

Im systemischen Coaching spreche ich gerne davon, das System eines Menschen kennenzulernen, in dem derjenige sich eingerichtet hat. Es geht vor allem darum, dass der Mensch dieses selbst kennenlernt. Es geht darum, dich zu verstehen, als Teil eines größeren Gesamtsystems, dessen Elemente in wechselseitigem Zusammenhang miteinander stehen.

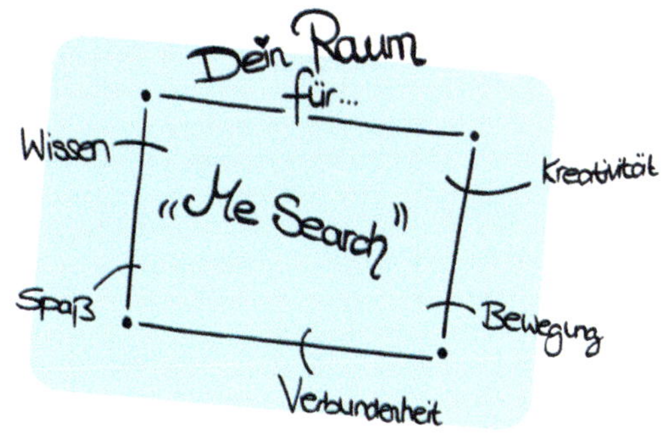

Abbildung 25:
Me Search

Ich kann dich also fragen: Wie sieht dein System aus, in dem du dich eingerichtet hast? Stellvertretend dafür frage ich dich hier: Wie sieht dein ganz persönlicher Spielplatz aus? Wie hast du dich eingerichtet? Ich kann dich also durch gezielte Fragen begleiten, um dein ganz individuelles System kennenzulernen.

Wenn wir in diesem Buch *Me Search* betreiben, schauen wir uns also dein eigenes System an, das den Rahmen für deine Lebensmomentstückchen bildet. Beide Teile, sowohl *Bewusstsein im Großformat* als auch *Bewusstsein to go* haben ihre ganz eigene Qualität. Daher nutze ich sie in meiner Begleitungsarbeit und lasse sie hier als Grundstruktur mit einfließen, damit sie dich auf dem Weg deiner Selbsterforschung unterstützen.

Bewusstsein im Großformat

Unter Bewusstsein im Großformat verstehe ich alles, was du tust, um dir einen Raum zu schaffen, um Selbstreflexion zu betreiben. Darunter fasse ich Reisen, da du vielleicht den Effekt kennst, der sich einstellt, wenn du ein bisschen weiter weg bist und von dort über dein Leben nachdenkst.

Darunter fasse ich alle Arten von Reflexionsgesprächen (egal, ob mit deinem Chef, in einer Therapiesession oder mit einem Freund), Achtsamkeitsmethoden, Meditationen, Journaling (Tagebuchschreiben), jede Art von Workshop oder Seminar, in der du den Impuls zur Selbstreflexion nutzt: alles, was du tust, um hinterher (abends, am nächsten Tag oder am Ende des Jahres) den Inhalt deines Lebens, vielleicht auch eine bestimmte Situation, zu reflektieren. Du kreierst dir also einen Raum für deine Selbstbeobachtung in Bezug auf dein jetziges Leben.

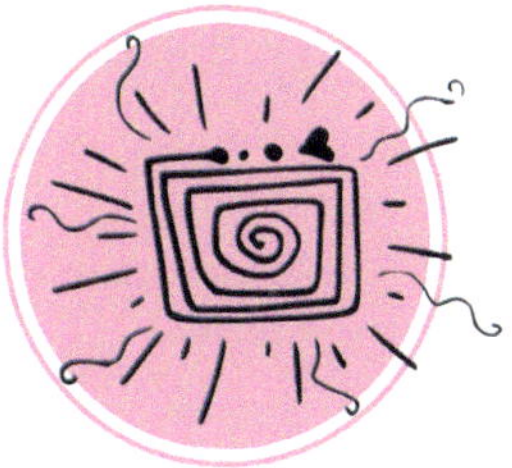

Abbildung 26:
Bewusstwerden im Großformat

Das ist Bewusstsein im Großformat. Ich bin der Auffassung, dass auch die Wissenserweiterung und das Verstehen, wie wir »innen« funktionieren, das Verstehen unserer Gefühle, Gedanken und inneren Prozesse, ein fundamentaler Bestandteil dieser Bewusstseinserweiterung ist.

Bewusstsein to go

Abbildung 27: Bewusstsein to go

Bewusstsein to go bedeutet, das Bewusstsein direkt in den Alltag hineinzulegen. Dort, wo deine Lebensmomentstückchen geboren werden.

Du beobachtest direkt im Geschehen, was gerade in dir vorgeht. Wenn du direkt in einer Situation den Fuß in die Bewusstseinstür kriegst und wahrnimmst, welche Impulse in dir kommen und welche Gedanken da sind zum nächsten Schritt.

Alle Achtsamkeitspraktiken, die genau diesen Zustand fördern, sind hier enorm unterstützend. Und vielleicht auch der folgende Gedanke von Tim Taxis (Video, 2024): »Alle sagen, sie wollen endlich lernen, ins Hier und Jetzt zu kommen. Doch es ist so: Du bist im Hier und Jetzt. Immer. Du bist nur so konzentriert und umgeben von Teilen wie Gedanken und Emotionen, dass du es nicht ganz wahrnehmen kannst.« Nimmst du dies wahr, ist das für mich *Bewusstsein to go*.

Und das Schöne daran: Du hast jede Sekunde, jedes »Jetzt« wieder die Chance, es freizulegen. Deine Selbstbeobachtung findet synchron statt zum Augenblick. Und das kannst du hier drin in diesem Buch beginnen.

Ich erinnere mich an einen Moment, der für mich ein wirklicher Gamechanger war. Es war der Moment, als ich folgenden Satz hörte: »Deine Zukunft ist nicht die [automatische] Verlängerung deiner Vergangenheit.«

Nachdem ich mich mit dem Satz auseinandersetzte, beschäftigte ich mich mit der Frage: Wenn mein Leben nicht einfach die Verlängerung meiner Vergangenheit sein muss, was bedeutet das?

Abbildung 28: Pausenklick

Und im weiteren Schritt: Wie schaffe ich es, neue Lebensmomentstückchen zu kreieren, bevor ich die alten dranhänge? Die Antworten darauf finden sich auch in diesem Buch.

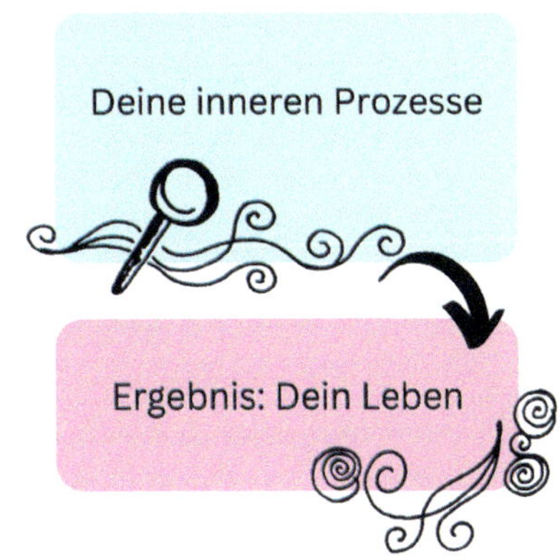

Abbildung 29:
Lebensergebnis

Im Ergebnis heißt das für dich, dass du deine Lebensmomentstückchen entweder durch den Autopiloten entstehen lässt, du alles so weiterführst, wie du es bisher auch getan hast oder aber, dass du etwas Neues daraus entstehen lässt. Nur so hast du die Chance, neue Momentstückchen zu kreieren.

Sich nachhaltig zu verändern, ist ein Prozess für uns alle, dem ein aktives Unterbrechen des Gewohnten vorausgeht. Manchmal braucht es einen Impuls mehr, um der eigenen Betriebsblindheit für unser Leben zu entkommen.

Abbildung 30:
Pausenknopf

Dieses Buch wird dir helfen, diese aktiven Unterbrechungen in deinen Routinemodus einzubauen, dieses *Bewusstsein to go* mit in deinen Alltag zu nehmen. Eben durch die Runde auf deinem Spielplatz der Persönlichkeitsentwicklung. Hier bekommst du die Spiele an die Hand, als Impulse, um alte Muster aktiv im Alltag spielerisch aufzuweichen und dadurch neue Momentstücken zu kultivieren. Die Integration des Neuen übernimmst natürlich du selbst. Die Spiele, die ich dir schenke, sind neue Möglichkeiten, auf dein Leben zu reagieren.

Die folgende Metapher macht es so schön deutlich, dass das Bewusstsein, platziert in deinem Alltag, der Schlüssel für Veränderungen ist: Es handelt sich um den Text »Das Loch in der Straße« aus dem tibetischen Totenbuch vom Leben und Sterben von Sogyal Rinpoche (2004):

- Ich gehe die Straße entlang.
  Da ist ein tiefes Loch im Gehsteig.
  Ich falle hinein.
  Ich bin verzweifelt.
  Es ist nicht meine Schuld.
  Es dauert endlos wieder herauszukommen.
- Ich gehe dieselbe Straße entlang.
  Da ist ein tiefes Loch im Gehsteig, ich tue so, als sähe ich es nicht.
  Ich falle wieder hinein.
  Ich kann nicht glauben, schon wieder am gleichen Ort zu sein.
  Aber es ist nicht meine Schuld.
  Immer noch dauert es sehr lange wieder herauszukommen.
- Ich gehe dieselbe Straße entlang.
  Da ist ein tiefes Loch im Gehsteig. Ich sehe es.
  Ich falle noch einmal hinein ... aus Gewohnheit.
  Meine Augen sind offen. Ich weiß, wo ich bin.
  Es ist meine eigene Schuld.
  Ich komme sofort heraus.
- Ich gehe dieselbe Straße entlang.
  Da ist ein tiefes Loch im Gehsteig.
  Ich gehe darum herum.
- Ich gehe eine andere Straße.

Wenn Einstein (1879–1955) sagt, dass »das Spiel [...] die höchste Form der Forschung [ist]«, dann geht es hier um dich als Forschungsobjekt. Anstatt *Research* zu betreiben, machst du spielerisch Me Search. Du machst dich selbst zum Forschungsprojekt. Wie ein kleines Kind, was sich selbst entdeckt und sich nichts entgehen lassen will.

Auf dieser Reise bist *du* das Wichtigste. Mit dir selbst wirst du die meiste Zeit deines Lebens verbringen, die intensivste Beziehung deines Lebens haben. Du bist der Dreh- und Angelpunkt von allem, was mit deinem Leben zu tun hat. Denn du bist Experte für dich und es geht um nichts Anderes als dich. In deinem Leben. Und hier drin.

Setze dich also in den Mittelpunkt und begib dich auf deine persönliche Entdeckungsreise auf dem Spielplatz der Persönlichkeitsentfaltung.

Dein Spielplatz

Abbildung 31:
Spielplatz

Dein Spielfeld

Herzlich willkommen, du wunderbare Hauptrolle. Bevor wir die Tour starten und jedes Element des Spielplatzes besuchen, geht es in diesem Kapitel um einen ersten Gesamtblick. Wenn der Spielplatz dein Leben repräsentiert, dann stell dir vor, wie du dich zuerst mal kurz an den Rand des Spielplatzes setzt und dir einen Überblick verschaffst. Du schaust dich in Ruhe auf deiner Spielfläche um, die dein Umfeld darstellt.

Die folgenden Fragen sind sehr kraftvoll. Ich empfehle dir, dir wirklich Zeit zu lassen. Am besten liest du eine Frage, lehnst dich zurück, schaust tief in dich rein. So verfährst du mit allen Fragen und sammelst deine Gedanken dazu.

An dieser Stelle sage ich: »Spielstopp!«

Dein Spielfeld

Nun stell dir vor, es kommt ein Mars- oder Venusweibchen zu dir. Dieses war noch nie zuvor auf der Erde und ist superneugierig. Es fragt dich, wie du ganz persönlich die Welt beschreiben würdest.

- Was würdest du erzählen, was ist die Welt?
- Was würde deine Mutter antworten?
- Was würde dein Vater antworten?

Schau dir die Antworten an.

- Wo sind die größten Gemeinsamkeiten und wo die größten Unterschiede?
- Zu welcher Weltbeschreibung spürst du die größte Zuneigung?
- Zu welcher Weltbeschreibung spürst du den größten Widerstand/ die größte Abneigung?

Das Mars- oder Venusweibchen hat jetzt so lange gewartet und stellt dir nun noch eine Frage:

- Wen müsste es fragen, um die schönste Beschreibung der Welt zu hören? Wie sieht diese aus?

Und nun zu deiner Spielfläche. Schau mal, wie du dich eingerichtet hast, physisch und psychisch, in deinem unmittelbaren Umfeld.

- An welchen fünf Orten spielt sich dein Leben am meisten ab?
- Welche fünf Gegenstände nutzt du am meisten?
- Mit welchen fünf Aktivitäten verbringst du gerade die meiste Zeit?
- Welchen Teil deiner Woche magst du gerade am wenigsten?
- Was ist gerade der schönste Teil deiner Woche?

Deine Mitspieler

- Mit welchen fünf Personen hast du derzeit (qualitativ) am meisten zu tun?
- Mit wem verbringst du gerade am liebsten Zeit?
- Welche Personen haben gerade am meisten Einfluss auf dich?
- Mit welcher Person würdest du gerne mehr Zeit verbringen?
- Wenn du Rat brauchst: An wen wendest du dich als erstes?

BIG TOOL 1

Meine Lebensbereiche unter der Lupe

Im Folgenden teilst du dein Leben in zehn Bereiche ein. Dann schaust du, wie es dir in jedem einzelnen Bereich gerade geht. Wie zufrieden du bist. Als kleine Standortbestimmung.

Das sind alles Momentaufnahmen, das bedeutet, dass deine Einschätzung von vielen Faktoren abhängt und in einer Woche ganz anders aussehen kann.

Zu den zehn Bereichen beantwortest du ehrlich für dich selbst folgende Fragen (vgl. Lebensrad nach Haller, 2021; du kannst dich an einer Skala von 1–10 orientieren, wobei »10« positiv und »1« negativ« besetzt ist):

Abbildung 32: Lebensrad

Nimm dir Zeit, um jeden Bereich einmal durchzuscannen und ehrlich zu beantworten …

Wenn 10 die ultimative, übersprudelnde Erfüllung darstellt.

Wie fühlst du dich gerade jetzt in diesem Bereich?

- Wie würde sich eine 10 in diesem Bereich, anfühlen?
- Was bräuchte es dazu?
- Was war die letzte Situation, in der du dich in diesem Bereich absolut erfüllt gefühlt hast?

1. Räumliche Umgebung:
   Dein Zuhause. Wie wohnst du? Wo wohnst du und wie fühlst du dich da? Wo verbringst du außerdem viel Zeit (vielleicht am Arbeitsplatz) – wie sieht es da aus?

2. Beruf:
   Wie zufrieden und erfüllt bist du in deinem Job? Wie geht es dir in deiner jetzigen Arbeitssituation? Folgst du mit dieser deinem absoluten Herzensweg?

3. Kreativität:
   Vergiss hier die Idee, dass Kreativität unbedingt etwas mit Malerei oder Musik zu tun haben muss. Kreativität hat tausende Kanäle. Was bedeutet für dich Kreativität und wie lebst du deine aus?

4. Freizeit und Hobbys:
   Hast du ausreichend freie Zeit? Was tust du in dieser?

5. Finanzen:
   Was bedeutet Geld oder finanzielle Freiheit für dich? Inwieweit lebst du in dieser?

6. Gesundheit:
   Denk daran, Gesundheit ist die Basis für alles. Diese umfasst sowohl deinen Körper als auch deinen Geist und deine Psyche. Wie fühlst du dich momentan in diesem Bereich? Was brauchst du, um dich fit, gesund und aktiv zu fühlen?

7. Umfeld (Freunde und Familie):
   Welche Beziehungen pflegst du? Wie pflegst du diese? Wie ausgewogen und zufrieden bist du in diesem Bereich? Was sind dir die wichtigsten Beziehungen? In welchen kannst du vollkommen du selbst sein?

8. Partnerschaft:
   Lebst du in einer Partnerschaft? Wenn ja, wie fühlst du dich mit deinem Partner/deiner Partnerin? Wie erfüllt bist du in dieser Partnerschaft? Was wünschst du dir? Lebst du nicht in einer Partnerschaft, dann frage dich, welche Partnerschaft du dir wünschst.

9. Selbstverwirklichung:
   Wir haben momentan so viele Möglichkeiten. Entfaltest du gerade deine Talente frei? Was macht dich so richtig glücklich? Lebst du das aus?

10. Sinn und Spiritualität:
    Glaubst du an eine höhere Macht, die dich führt und oder beschützt? Leitet? In was vertraust du? Inwieweit lebst du deine Sinnhaftigkeit und deine Spiritualität aus?

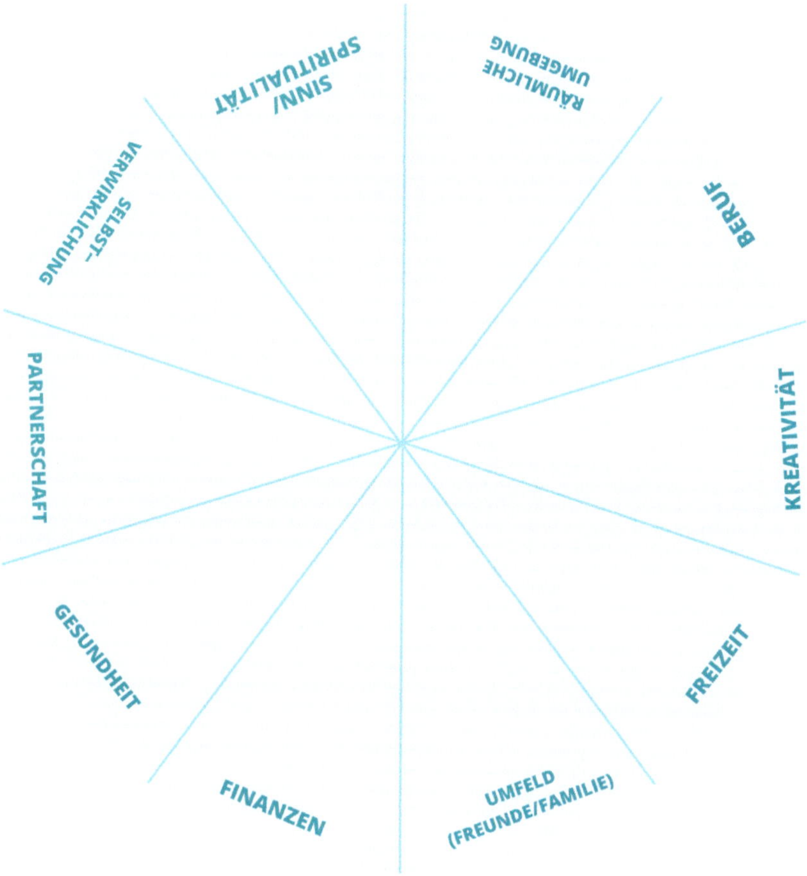

SINN/ SPIRITUALITÄT

RÄUMLICHE UMGEBUNG

BERUF

KREATIVITÄT

FREIZEIT

UMFELD (FREUNDE/FAMILIE)

FINANZEN

GESUNDHEIT

PARTNERSCHAFT

SELBST-VERWIRKLICHUNG

Dein authentisches Ich

Ich habe viel darüber nachgedacht, wann wir Menschen uns Masken und Filter aufsetzen – und damit meine ich im realen Leben, wenn wir Menschen live treffen, nicht virtuell. In meinem Leben haben Filter eine große Rolle gespielt – ich hatte unglaublich viele davon.

Irgendwann fand ich es viel spannender herauszufinden, wann und wo wir Menschen eben keine Filter aufsetzen.

Die folgenden Fragen helfen dir, dein persönliches Masken- und Filternutzsystem zu beleuchten.

Abbildung 33: Masken

An dieser Stelle sage ich: »Spielstopp!«

Du, ohne Filter

Wenn du komplett für dich allein bist, bist du dann anders als unter Menschen?
Was sind Dinge, die du nur tust, wenn du komplett allein bist?
Warum tust du diese Dinge nur, wenn du komplett allein bist? (Was erzählst du dir?)
Wann musst du komplett nicht darüber nachdenken, wie du wirkst?
Bei welchem Menschen kannst du komplett du selbst sein?
Welche Person erlebte bisher dein Ich am authentischsten?
Wo hast du den größten Filter, die größte Maske, auf?
Wer ist die authentischste Person in deinem Leben, die du erlebst, und wie findest du das?
Was glaubst du, warum diese Person sich so zeigt?

BIS 2
Filterprüfung

Bewusstseinsintegrationsspiel 2: »Filterprüfung«

Spiel mal damit, in einer deiner nächsten Alltagssituationen den Fuß in die Bewusstseinstür zu kriegen und abzuchecken:

Habe ich gerade einen Filter drauf?

Diese Frage hilft da auch: Wenn ich jetzt gerade allein wäre und mir komplett egal wäre, was andere über mich denken, würde ich genau das tun, sagen, machen, lassen, was ich gerade tue?

Wenn ja – frag dich: Was würde ich jetzt als Nächstes tun, sagen, machen, lassen, wenn ich den Filter nicht aufhätte?

Wenn nein – den Moment festhalten, wo du dich filterfrei fühlst, als einen schönen Sicherheitsraum. Frag dich: Was bringt dich dazu, hier gerade ohne Filter zu sein?

Sandkasten – Konstruktivismus und deine (Ge-)Schichten

Willkommen im Sandkasten. Mit Sand kannst du viel anstellen. Sand kannst du erfühlen, verschieben, neu anordnen und formen – mit deinen eigenen Händen oder mit deinen mitgebrachten Förmchen.

Manchmal sitzt du vielleicht auch einfach nur am Rand und schaust zu, was die anderen so bauen.

Stell dir nun vor, der Sandkasten ist deine Umwelt. Deine mitgebrachte Förmchensammlung ist dein Werkzeug, deine bestimme Art und Weise, mit deiner Umwelt, mit allem umzugehen. Ist es nicht spannend, welche Förmchen du ausgewählt hast und am liebsten verwendest oder täglich benutzt?

> »Wenn du immer wieder dieselben Gedanken und Gefühle wie schon gestern und vorgestern und vorvorgestern hegst, erschaffst du auch immer wieder dieselben Lebensumstände, die in dir immer wieder dieselben Emotionen hochkommen lassen, die wiederum diesen Emotionen entsprechende Gedanken erzeugen. […]
> Wenn du weiterhin entsprechend deinen Lebensumständen denkst und fühlst, bestätigst und verstärkst du diese bestimmte Realität auch immer wieder.« (Joe Dispenza, 2020)

Wir und alle anderen laufen auf dieser Welt rum und gehen auf eine bestimmte Weise mit allen Geschehnissen um. Da ist es doch interessant zu fragen, wo die Rezeptur für unsere ganz bestimmten Gedanken herkommt.

Unsere Gedanken speisen sich aus unseren Erfahrungen, die wir bisher gesammelt haben und wie wir sie gebrauchen.

Nach aktuellem Wissensstand sind die ersten Lebensjahre sehr wichtig, um Erfahrungen zu sammeln. Anschließend festigt man diese und sammelt in der Kindheit noch weitere dazu.

Diese ganz bestimmten Interpretationen werden dir also zu Beginn deines Lebens mitgegeben, durch dein Umfeld, deine Bezugspersonen und das, was du interpretierst, ja wörtlich »in die Wiege gelegt«. Getreu dem Motto: »Schau, wir interpretieren diese Situation wie folgt und han-

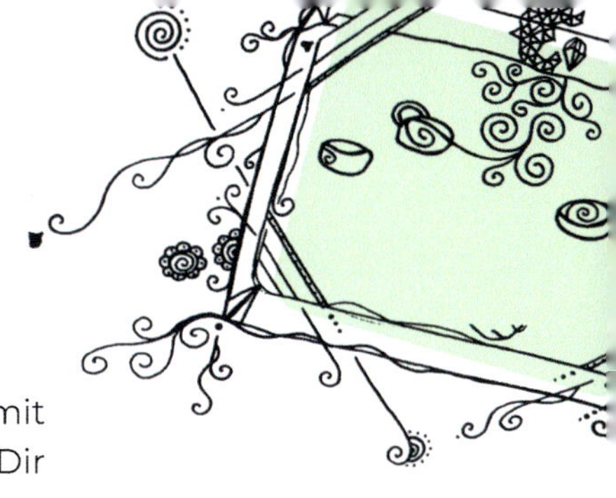

Abbildung 34:
Sandkasten

deln demnach auf diese Weise. Bitte schön, damit du weißt, was du über die Welt denken sollst.« Dir werden diese Schlussfolgerungen also mit*gegeben*.

Zusätzlich interpretierst du das Ganze auch auf deine eigene Weise, du beobachtest und schlussfolgerst.

Deine Einord-Pärchen

Schauen wir uns deine Einordmaschine an.
Wie ist die denn eingestellt?

Stell dir vor, du zoomst in dich hinein. In deine Einordmaschine. Fragst dich, warum du die Dinge tust, die du tust. Für dieses Bewusstsein im Großformat, also das Aufdecken (Bewusstmachen), hilft folgendes Bild: Der Blick nach innen ist so, als ob du eine Bettdecke aufschlagen würdest und dort immer ein Pärchen aus einem Glaubenssatz (deiner Interpretation) und einer Strategie (die geschlussfolgerte bestmögliche Handlung für dich) vorfinden würdest.

Dein Einord-Pärchen.
Zusammen unter der Decke
liegend.
Das entdeckst du.

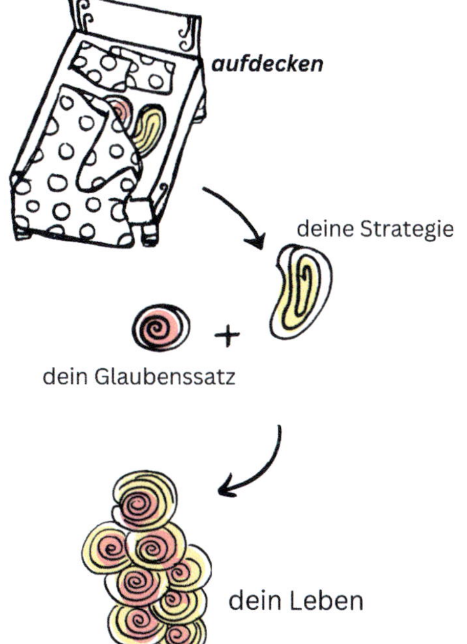

Abbildung 35:
Einord-Pärchen

Ein Beispiel aus meinem persönlichen Gedanken-Spielplatz: Als Kind habe ich irgendwann mal geschlussfolgert, dass ich immer süß und nett schauen sollte, am besten mit Dauergrinsen, damit mich andere mögen.

Auf der anderen Seite habe ich dadurch also auch geschlussfolgert: Ich werde weniger gemocht, wenn ich nicht grinse. Ich werde also weniger gemocht, wenn ich konzentriert bzw. verträumt oder einfach so vor mich hinschaue.

So wurde daraus meine eigene Strategie, mein Glaubenssatz für mein Leben: Immer das Gesicht kontrollieren! Am besten immer grinsen!

Damit bin ich dann durch mein Leben gelaufen und habe es nicht mehr hinterfragt. So habe ich mir diesen Glaubenssatz sowie die zugehörige Regieanleitung bewusstgemacht.

Wenn du deine persönlichen Einord-Pärchen irgendwann einfach nicht mehr hinterfragst, dann kannst du dieses Zusammenspiel für immer verwenden.

Du kannst dir aber auch ein persönliches Update runterladen.

Im Großen und Ganzen mal den Stoff des eigenen Lebens zu reflektieren, zielt ab auf die Frage: Laufe ich irgendwo mit einer veralteten Version meiner Einordmaschine rum? Will ich bis zu meinem Tod genau mit der rumlaufen?

Alle Gedanken, Emotionen und Verhaltensweisen kreieren den Stoff deines Lebens. Diese, deine bestimmte Weise baut am Ende dein Leben. Du klebst die Stücke aneinander. Unser Startpaket haben wir also alle mitbekommen. Kreiert durch unsere Biografie.

Sich dessen bewusst zu werden. Das ist es, was ich mit »Bewusstsein im Großformat« meine. Damit deine Lebensstoffstückchen auch richtig schön festhalten, nutzt du deinen eigenen Kleber. Die Kraft deines Klebstoffes ist

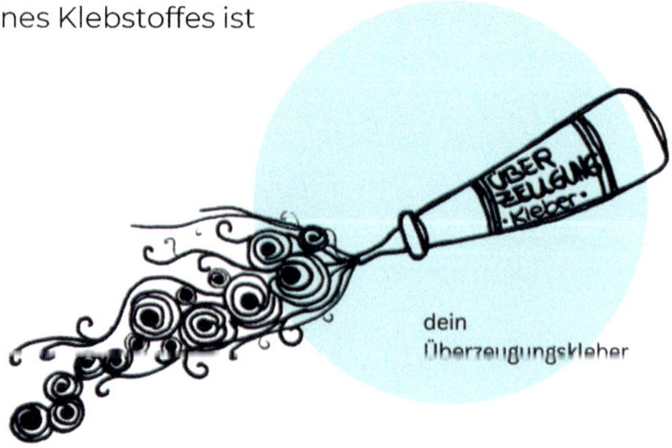

dein Überzeugungskleber

Abbildung 36:
Überzeugungskleber

Abbildung 37: Klebstoff

abhängig von der Stärke deines Gefühls zum Glauben: Das, was ich da interpretiere, ist richtig und wahr.

Wir Menschen haben noch eine Eigenschaft: Wir möchten uns immer wieder selbst bestätigen (unsere Meinung, unser Weltbild). Das ist auch ganz einfach, denn wir haben ja überall den Zugang zu Menschen, die dieselben Überzeugungen teilen. Umgeben und vernetzen wir uns mit ihnen, bestätigen wir uns gegenseitig und stärken unsere Klebstoffe. Basteln fleißig weiter. Verlängern unsere Vergangenheit.

Wenn du immer so weitermachst wie bisher (zum Beispiel im Autopiloten, unbewusst), kreierst du deine Zukunft aus ein und demselben Stoff. Setzt jedes neue Stückchen (jeden Tag) aus demselben (konditionierten) Stoff dran.

Das kannst du genauso machen. Du kannst aber auch neue Stückchen dransetzen.

Wenn wir zum Beispiel neue Impulse kriegen, die die Stärke unserer Überzeugtheit mindern, werden die alten Lebensstoffstückchen nicht mehr so gut zusammenhalten, wenn wir sie das nächste Mal aneinandersetzen wollen.

Um Letzteres zu erreichen, kann man auch sagen, dass die Seiten dieses Buches dafür da sind, um dir ein paar Spiel- und Bastelanleitungen für neue Momentstückchen anzubieten.

»Fuß in der Bewusstseinstür«

Beim »Bewusstsein to go« brauchst du dir gar keinen Stress machen. Du schaust einfach mal, wo es dir direkt in Alltagssituationen gelingt, so aufmerksam zu sein, dass du eine Chance hast mitzukriegen, was da in dir vorgeht.

Such dir eine Alltagssituation und reflektiere, nach welchem Glaubenssatz du gerade gehandelt hast. Das ist wie ein kleines Spiel mit dir selbst. Mal kriegst du den Fuß in die Bewusstseinstür und mal nicht. Zu meiner Regieanweisung mit dem Gesichtsausdruck habe ich folgende Situation aus meinem Leben:

Ich war in einem Workshop voll in ein Thema vertieft. Mein Gesichtsausdruck sah demnach auch so aus, du kannst es dir vorstellen. Als mir das bewusst wurde, wollte ich den direkt ändern, kontrollieren (meine Strategie), um zu verhindern, dass jemand mich so sieht und denkt (Achtung, mein Glaubenssatz): »Oh Gott, wie komisch sie guckt« und mich – meine kindliche Schlussfolgerung – dann weniger mag.

Was ist in dieser Situation passiert? Ich habe es geschafft, *in* der Situation den Fuß in die Bewusstseinstür zu kriegen. Ich habe entdeckt, was meine »Einordmaschine« da macht. Das meine ich mit »Bewusstsein to go«: Direkt im Moment bei dir reinzuzoomen und zu merken: Na, Einordmaschine, was machst du hier gerade?

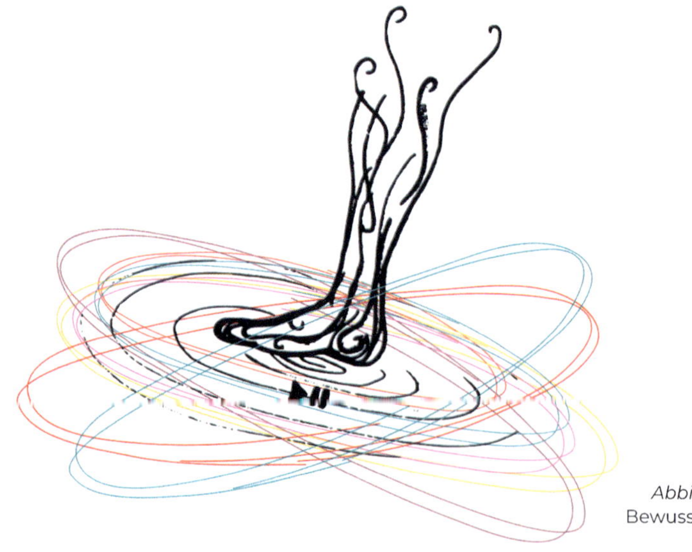

Abbildung 38:
Bewusstseinsfuß

Und dann passiert die Magie. Du hast die Möglichkeit, dir ein neues Feld zu eröffnen, auf eine andere Art zu reagieren, bevor die alte wieder zugreifen kann. Umschalten bzw. liebevolles Umlenken ist hier erwünscht.

In meinem Beispiel habe ich meinen Gesichtsausdruck einfach so gelassen, wie er gerade ist. Das fühlt sich vielleicht erst mal komisch an, und man denkt teilweise, man hält es nicht aus. Und genau *dann* kannst du dir das Geschenk machen, es auszuhalten, es anzunehmen.

Dein Bewusstsein ist immer dabei und sagt dir: Du hältst es aus.

So entdeckst du nach und nach deine Förmchensammlung und hast die Möglichkeit, eine neue anzulegen. Zu erkennen, was du dir ständig als Ursache für dein Verhalten einredest, ist die Basis, um alte Gewohnheiten zu lockern. Dass du es bemerkst, bevor du zu den typischen Förmchen greifst und du dich für neue entscheiden kannst.

Konstruktivismus als Erleichterung

Wissenspopcorn

Konstruktivismus

Konstruktivismus basiert auf der Annahme, dass jeder Mensch seine eigene subjektive Wirklichkeit konstruiert. Es gibt keine allgemeingültige Wirklichkeit. Jede Form, jedes Erlebnis ist objektiv und bekommt durch den Betrachter eine individuelle Bedeutung, hat diese nicht an sich. Durch das aktive Deuten der eigenen Umwelt erschafft jeder Mensch seine individuelle Realität (von Glasersfeld, 1997; Wieking, 2023).

Im Verständnis des Konstruktivismus gibt es nicht die eine Wirklichkeit an sich, sondern jeder, der etwas wahrnimmt, konstruiert sich die eigene Wirklichkeit selbst. Das meine ich mit »Jeder hat seine Einordmaschine«. Ich nenne diese verschiedene »Wirklichkeitskonstrukte«, verschiedene Versionen, die unsere Einordmaschine über die Welt ausspuckt.

Mit dem Ausspruch von Epkitet (um 50–138 n. Chr.) »Es sind nicht die Dinge, die uns beruhigen, sondern die Bedeutung, die wir ihnen geben« möchte ich euch zeigen, wie ich Kontakt mit der systemischen

Grundhaltung hatte, noch bevor ich wusste, dass es diese gibt. Konkret mit dem Konstruktivismus als Teil des systemischen Ansatzes.

Durch das Reinversetzen in andere Menschen und das Spüren von: Huch, irgendwie sehen wir alle die Dinge so unterschiedlich. Und bevor ich wusste, wie weitreichend diese Erkenntnis noch für mich sein würde, bewegte sich innerlich immer wieder was in mir, was ich nicht hätte beschreiben können. Noch bevor ich kognitiv verstand, was Konstruktivismus ist, ja, ich kannte damals nicht mal den Begriff, gab es einen Moment in meinem Leben, in dem ich ein sehr erleichterndes Gefühl mit diesem Konzept verband. Das war meine erste, bewusst merkbare, Begegnung mit dem Konzept.

Als ich etwa 19 Jahre alt war, las ich die folgende Geschichte.

Die blinden Männer und der Elefant

Es waren einmal fünf weise Gelehrte. Sie alle waren blind. Diese Gelehrten wurden von ihrem König auf eine Reise geschickt und sollten herausfinden, was ein Elefant ist. Und so machten sich die Blinden auf die Reise nach Indien. Dort wurden sie von Helfern zu einem Elefanten geführt. Die fünf Gelehrten standen nun um das Tier herum und versuchten, sich durch Ertasten ein Bild von dem Elefanten zu machen.

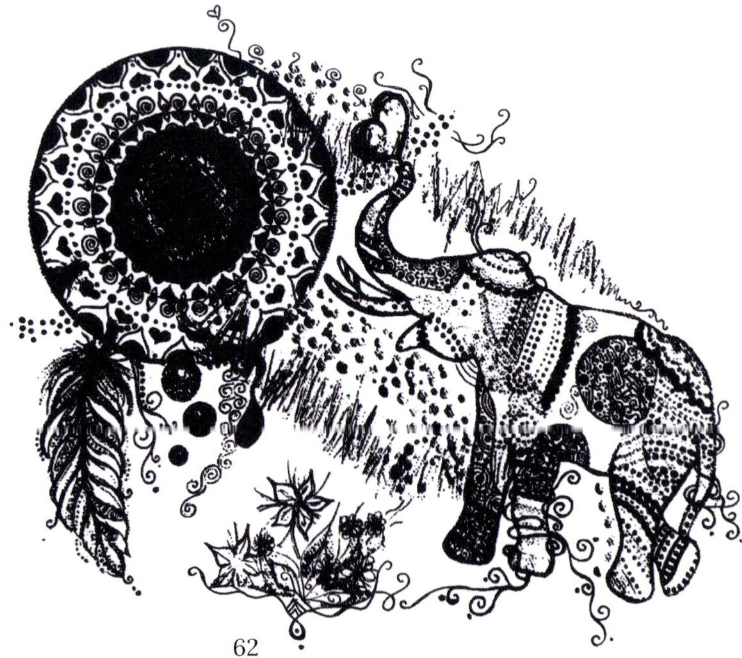

Abbildung 39: Elefant

Abbildung 40:
Mindful

Als sie zurück zu ihrem König kamen, sollten sie ihm nun über den Elefanten berichten. Der erste Weise hatte am Kopf des Tieres gestanden und den Rüssel des Elefanten betastet. Er sprach: »Ein Elefant ist wie ein langer Arm.«
Der zweite Gelehrte hatte das Ohr des Elefanten ertastet und sprach: »Nein, ein Elefant ist vielmehr wie ein großer Fächer.«
Der dritte Gelehrte sprach: »Aber nein, ein Elefant ist wie eine dicke Säule.« Er hatte ein Bein des Elefanten berührt.
Der vierte Weise sagte: »Also ich finde, ein Elefant ist wie eine kleine Strippe mit ein paar Haaren am Ende«, denn er hatte nur den Schwanz des Elefanten ertastet.
Und der fünfte Weise berichtete seinem König: »Also ich sage, ein Elefant ist wie eine riesige Masse, mit Rundungen und ein paar Borsten darauf.« Dieser Gelehrte hatte den Rumpf des Tieres berührt.
Nach diesen widersprüchlichen Äußerungen fürchteten die Gelehrten den Zorn des Königs, konnten sie sich doch nicht darauf einigen, was ein Elefant wirklich ist. Doch der König lächelte weise: »Ich danke Euch, denn ich weiß nun, was ein Elefant ist: Ein Elefant ist ein Tier mit einem Rüssel, der wie ein langer Arm ist, mit Ohren, die wie Fächer sind, mit Beinen, die wie starke Säulen sind, mit einem Schwanz, der einer kleinen Strippe mit ein paar Haaren daran gleicht und mit einem Rumpf, der wie eine große Masse mit Rundungen und ein paar Borsten ist« (Zweitausend Jahre alte Buddha-Lehre, zit. nach Zoller, 2023).

Warum erzähle ich dir das? Ich erzähle dir das, weil sich genau in diesem Gefühl, das bei mir aufkam, die Qualität und das Potenzial des systemischen Ansatzes widerspiegelt. Das war ein Kippmoment in meiner Weltansicht, in meiner Realität. Es nahm mir eine Schwere, eine Enge, einen Tunnelblick, der vorher auf mir lag, in Bezug auf meine Gedankenwelt.

Abbildung 41: Herzchen

Ich möchte noch eine andere eindrückliche Erfahrung mit dir teilen. In meiner systemischen Ausbildung hat unser Dozent in einer Session eine Flasche in die Mitte unseres Stuhlkreises gestellt. Er bat die verschiedenen Teilnehmer, aus unterschiedlichen Perspektiven zu beschreiben, was sie sehen. Eine Teilnehmerin sah von ihrem Platz aus die Rückseite, sodass sie die Inhaltsstoffe auf dem Etikett ablesen konnte. Ein anderer Teilnehmer konnte das Logo beschreiben, weil er die Flasche von vorn sah, und ein anderer sah nur eine kleine grüne Fläche als Teil des Logos. Wer von den dreien hat die Flasche gesehen? Wer hat die »Wahrheit« über die Flasche gesehen?

Als ich reflektierte, was genau in mir dieses erleichternde Gefühl hervorbrachte, kam ich auf die folgenden beiden Punkte:

1. Ich bemerkte, dass ich mit meiner Perspektive nicht recht haben musste, was bedeutete, dass ich das erste Mal in den Spürbereich hineinkam, dass meine Gedanken nicht »wahr« sein mussten. Das wiederum brachte Möglichkeiten ins Feld.

2. Ich registrierte, dass da draußen andere Gedanken, also andere Perspektiven und somit andere Möglichkeiten rumschwirrten, Dinge zu sehen. Das wiederum brachte neue Möglichkeiten, weil es quasi ein »Beweis« war, dass meine Weltansicht nur *eine* Version ist und diese wiederum nicht »wahr« sein musste. Genauso gut könnte ich also eine andere Version mit mir rumtragen.

Abbildung 42:
Konstruktivismus

Die Theorie des Konstruktivismus hat eine erlösende Funktion: Sie nimmt die Macht, die Wucht, die Schwere der eigenen Gedankenwelt, der eigenen Realität, und beruhigt uns. Dies bedeutete, dass meine Version, die ich zu einer Situation im Anschluss dachte, nicht wahr sein musste, und dass die anderen Beteiligten mit einer anderen Version aus dem Erlebnis gingen.

Außerdem bedeutete das: Es gibt auch für mich neue Möglichkeiten, die Welt zu sehen. Wie so verschiedene Realitätsbrillen, die man sich ausleihen kann, um sich daran zu erinnern. Du legst dir eine neue Förmchensammlung an. Das, was du über die Welt denkst, ist nicht automatisch die ultimative Wahrheit.

Es ist *eine Version* zu denken. Auch wenn 19.725 Menschen das Gleiche von einer bestimmten Sache denken, bedeutet das immer noch nicht, dass das die ultimative Wahrheit ist. Es ist *eine oft gedachte Version*. Mehr nicht. Auch wenn 19.725 Menschen das gleiche Förmchen benutzen, heißt das nicht, dass es das richtige ist. Diese Erkenntnis öffnet uns und holt uns aus der Enge der eigenen Version heraus.

Abbildung 43:
Realitätsübergabe

Und das Allerschönste und damit eines der beruhigendsten Dinge, die ich über uns Menschen weiß, ist: Unser Gehirn ist ein Leben lang veränderbar und somit ist *alles* möglich.

Wir sitzen dann alle im Sandkasten des Lebens, jeder mit seiner individuellen Förmchensammlung und nutzen ein und denselben Sand auf unterschiedliche Weise. Bevor du entscheidest, ob du sie beim nächsten Mal wieder nutzen möchtest oder zur Seite legen willst.

Du kannst dir übrigens auch den Sandkasten aussuchen, in dem du spielen und bauen magst. Den Rahmen wechseln, wenn du das Gefühl hast, die Förmchen, die da im Spielfeld liegen, passen so gar nicht zu deinen. Das ist ok. Dann darfst du aufstehen und laut oder leise sagen: »Danke, das funktioniert für mich nicht«, die anderen weiterspielen lassen und den Sandkasten wechseln.

An dieser Stelle sage ich: »Spielstopp!«

Was ist Deine Lieblingsfrequenz?

Wenn man mal genau hinschaut, was wir den ganzen Tag so denken und fühlen, dann ist das eine ganze Sammlung. Es ist ganz normal, morgens schlechte Laune zu haben und zwei Stunden später durch eine einzige Bemerkung so zum Lachen und in Lebensfreude gebracht zu werden, dass du durch die Welt tanzen könntest.

Aber was ist überwiegend in dir?

Jeder hat seine Lieblingsfrequenz, auf der er durch den Tag läuft. Damit meine ich diese Basisstimmung, eng verknüpft mit dem vorherrschenden Gedankeninhalt, der am meisten Raum einnimmt und zu dem wir immer wieder zurückkehren.

Stell dir vor, es gäbe ein Messgerät, das deine Gefühle und Gedanken am Tag aufzeichnen und messen würde und dir abends die Statistik ausspuckt.

- Welches Gefühl wäre besonders vorherrschend?
- Welche Stimmung bei dir würde es am meisten aufzeichnen?
- Was ist der häufigste Inhalt deiner Gedanken?
- Über welches Thema denkst du aktuell am meisten nach?

»Es gibt zwei Arten, sein Leben zu leben: entweder so, als wäre nichts ein Wunder oder so, als wäre alles eines. Ich glaube an Letzteres.«
(Albert Einstein, Physiker)

Abbildung 44: Angstquelle

Egal ob privat oder im Kontext meines beruflichen Wirkens, ich habe so viele Menschen und Realitäten kennengelernt, die nicht unterschiedlicher sein könnten. Irgendwann fand ich Ähnlichkeiten in manchen dieser Realitäten. Gemeinsamkeiten in der Ausrichtung, unter anderem in der Art der eigenen Basisfrequenz, aus der heraus diese Menschen ihr Leben formen. Fast wie zwei ursächliche Arten, die Welt zu sehen. Wie die Ur-Quelle, aus der die Gedankengänge strömen.

Diese Quelle ist im Kern die Überzeugung: Das Leben ist *für* mich oder das Leben ist *gegen* mich.

Man kann hier auch sagen, du gehst (denkst, fühlst, handelst) entweder aus Angst oder aus Liebe. Damit meine ich, dass deine Glaubenssätze und deine Strategien dieser Basisausrichtung entspringen.

Im Folgenden habe ich für dich ein paar Fragen, um da bei dir mal reinzuzoomen:

Angst oder Liebe?

- Wie sieht es aus, wenn du aus Angst handelst?
- Woran merkst du das?
- Wie sieht es bei dir aus, wenn du aus Liebe handelst? Woran merkst du das?
- In welchen Bereichen handelst du momentan am meisten aus Angst?
- In welchen Bereichen handelst du momentan am meisten aus Liebe?

Abbildung 45: Liebesquelle

Dein Lebensohrwurm

Ohrwürmer kennst du bestimmt. Manchmal findet man sie nervig. Aber wenn es ein gutes Lied ist, hey, warum nicht mehrfach am Tag daran erinnert werden?

Manchmal kann man es gar nicht zuordnen, wo man das jetzt aufgeschnappt hat. Genauso kannst du dir auch deine (unbewussten) grundlegenden Glaubenssätze über dich selbst vorstellen. Die schwingen da die ganze Zeit mit, wie ein eigenes Ohrwurm-Mantra. Manche hören dann die ganze Zeit Sätze in sich wie: »Du bist falsch« oder »du darfst nicht auffallen«. Das Tolle ist: *Du* bist der DJ. Du kannst also auch etwas anderes abspielen. Form dir dein eigenes Ohrwurm-Mantra.

Das fühlt sich vielleicht erst mal komisch an, aber auch nur, weil sich alles, was noch nicht im Autopiloten läuft, erst mal komisch anfühlt.

Lieblings-Jetzt

- Kannst du erkennen, was du dir innerlich immer wieder sagst, wonach du handelst?
- Wenn es einen Ursprungssatz dafür gäbe, wie würde der lauten?
- Welche Sätze sagst du innerlich (unbewusst) am häufigsten zu dir selbst?
- Und nun stell dir vor, du könntest einen Satz (ein Mantra) frei auswählen, nach dem du jetzt dein Leben ausrichtest.
- Welchen Lieblingssatz über dich hättest du gern in Dauerschleife in dir laufen, wenn dieser komplett Einfluss auf dein Verhalten hätte?
- Wie würdest du dich verhalten, wenn du den Spruch zu 100% glaubst?
- Wie würdest du mit dir umgehen, wenn du den Spruch zu 100% glaubst?
- Wie würdest du mit anderen umgehen, wenn du den Spruch zu 100% glaubst?
- In welcher Situation hast du dich das letzte Mal am meisten gefühlt, wie in deinem Satz beschrieben?
- Welche Szene (mit dir als Hauptrolle natürlich) würde diesen Satz perfekt verkörpern?
- Welches Gefühl ist in dieser Szene bei dir? Wie fühlt sich das an?
- Woran merkst du, dass du da deinen Lieblingssatz total lebst?
- Woran erkennt man das von außen, wenn dich dabei jemand sieht?

BIS 3
Made by me

Bewusstseinsintegrationsspiel 3: »Made by me«

Das nächste Spiel möchte ich dir anhand eines Tagebucheintrages von mir zeigen:

> »[…], weil ich verstanden habe, dass diese Bewertungen, die ich immer fühle, komplett ›made by me‹ sind. Ich kann diesen Aufkleber auf alle draufhängen. Mache ich sozusagen auch, als kleine Erinnerung an das, was ich jetzt weiß. Ich sitze hier und sobald ein Gedanke aufkommt, erinnere ich mich: Ach so, ja, das ist ja nur in mir. Meine Realität. Das ermöglicht mir die Chance, meine Pause zu drücken und den Film abspielen zu lassen, den ich eigentlich möchte. Ich schaue mir Sachverhalte oder Personen im Außen an und mache mir währenddessen klar: Das, was ich da jetzt interpretiere, ist komplett in mir. Früher war es Stress für mich, weil ich eben diese Bewertungen in mir als allgemeingültig ansah und ihnen somit ausgeliefert war. Warum wusste ich das mein Leben lang nicht? Wissen das alle anderen?
>
> Was eine Freiheit! Wie wird es sein, wenn ich das ab jetzt weiß und mein Leben gestalte? Ich gestalte es dann ja wirklich und schaue es mir nicht nur an. Das wird so aufregend! […]« (Pfeffer, 2015).

Spiel damit, deine Umstände sind das Rohmaterial. Deine Interpretation (Glaubenssatz), die du drüberlegst, ist eine Version, dieses zu nutzen. Sie ist optional.

In der nächsten Situation, wo du deinen Fuß in die Bewusstseinstür kriegst, zum Beispiel, wenn dich jemand komisch anschaut und du vielleicht denkst: »Den stört was an mir …«, dann mach dir klar, dass du das gerade denkst. Du kannst dir auch bildlich vorstellen, wie du einen Aufkleber draufklebst:

> »Made by me.«

BIS 4
Realitätsbrillenverleih

Bewusstseinsintegrationsspiel 4: »Realitätsbrillenverleih«

Kennst du Plattformen wie Kleiderkreisel, wo du deine gebrauchten Kleidungsstücke eintauschen kannst? Entweder gegen Geld oder die nicht mehr genutzten Kleidungsstücke anderer? Stell dir mal vor, es gäbe eine Plattform, auf der man seine Realitäten, seine Versionen, die Welt zu sehen, tauschen könnte. Vielleicht auch nur mal probeweise. Wie die unterschiedlichsten Brillen. In gewisser Weise gibt es die ja, wann immer du dich mit jemandem darüber austauschst, wie ihr bestimmte Erlebnisse seht oder wie ihr über bestimmte Umstände denkt. Du kannst bewusst mal damit spielen, dir eine andere Realitätsbrille auszuleihen. Wenn du das nächste Mal in deinem Alltag von jemandem hörst, wie er die Welt sieht oder einen bestimmten Sachverhalt, stell dir vor, dass du dir diese Realitätsbrille aufsetzt und die Dinge aus dieser Sicht betrachtest. Wie würdest du dann die Welt sehen? Spiel gern damit. Auch mit Versionen von Realitäten, zu denen du vielleicht eine totale Abneigung spürst. Spür in dich rein, was mit dir passiert, wenn du dann wieder zu deiner Realität zurückkommst.

Abbildung 46:
freie Sicht

Karussell – Deine Gedankenwelt

Neulich wollte ich eine Freundin von früher kontaktieren, zu der ich in den letzten Jahren keinen Kontakt mehr hatte. Ich fing an zu überlegen, was ich ihr schreiben könnte. Dann habe ich weitergedacht und mich gefragt, warum wir eigentlich keinen Kontakt mehr haben. Dann habe ich angefangen zu interpretieren, was sie jetzt von mir denken könnte. Da ging bei mir das Gedankenkarussell los, und ich hatte mich fast entschieden, mich nicht bei ihr zu melden.

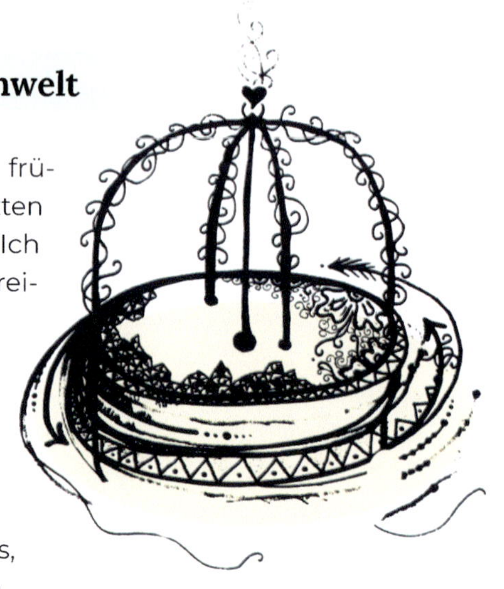

Abbildung 47: Karussell

Was ist hier passiert? Zu Beginn: Ich hatte eine Idee. Dann habe ich darüber nachgedacht und mir verschiedene Szenarien ausgemalt, die in mir ganz unterschiedliche Gefühle ausgelöst haben.

Ich habe Möglichkeiten gefühlt. Ich habe die Idee *zer*dacht.

Kennst du dieses Gefühl, Dinge zu zerdenken?

Je länger und/oder intensiver ich über eine Idee nachdenke, desto spröder wird sie. Dann wird diese Idee zu einem immer feineren Stoff und zerfällt irgendwann, so als sei sie kaputtgedacht.

Was ist da genau passiert? Da war eine Idee, über die ich nachgedacht habe. Das hat ein Gefühl ausgelöst, woraufhin ich die Idee nicht mehr umsetzen wollte. Es ist immens wichtig, diese Denkfähigkeit zu haben. Wir brauchen sie und können sie wunderbar einsetzen.

Woher kommen denn die meisten gedachten Entscheidungen? In diesem Abschnitt geht es mir darum, das eigene Denken zu lockern, um raus aus möglichen Gedankenkarussellen zu kommen und um neue Möglichkeiten zu schaffen.

Das Kapitel ist für dich, wenn du dir Gedanken machst.

Wissenspopcorn

Denken

Dein Gehirn ist großartig. Es besteht aus Milliarden von Verknüpfungen, die ein großes Netzwerk bilden und miteinander kommunizieren. Deine Gedanken entstehen durch die Gedankenströme, die befeuerten Gehirnstraßen, die du am häufigsten nutzt (denkst). Gedanken sind Bewusstseinsinhalte, die durch neurophysiologische Prozesse im Gehirn entstehen (vgl. Zimmer, 2011).

Du kannst dir das wie einen Blitz vorstellen, der immer den leichtesten und zugänglichsten Weg nehmen will und da einschlagen möchte, wo am wenigsten Aufwand für ihn ist. Genauso ist es mit den elektrischen Impulsen, die deine Gedanken machen. Die nehmen immer die Wege (Synapsen), die am naheliegendsten sind.

Du bist nicht deine Gedanken. Wenn dir das nicht klar ist, dann hängst du sozusagen ganz an ihnen und lässt dich unbewusst von ihnen durch deinen Alltag führen.

Die Differenzierung zwischen deinem Bewusstsein und deiner Gedankenwelt aus erster Hand zu erfahren, bedeutet, dass du die Identifikation mit diesem Gedankeninhalt löst, aufweichst. Das kann eine große Erleichterung für dich sein. Vor allem für all die abwertenden, zerstörerischen Gedanken, die man so über sich selbst denkt. Die sind dann auch bloß Gehirnströme als Elemente in deinem Kopf, die du wahrnimmst.

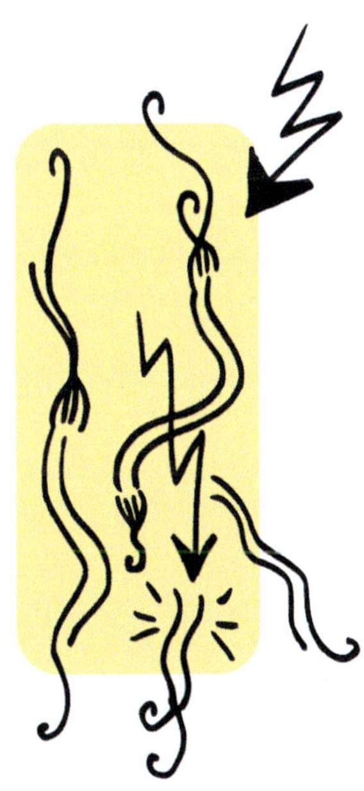

Abbildung 48: Blitzableiter

Wenn ein Gedanke sich wahr anfühlt, heißt das in erster Linie nur, dass du diesen Gedanken am häufigsten denkst, diesen Weg zu denken am häufigsten gehst. Jeder Gedanke ist das Rohmaterial, das du in dir vorfindest. Das Rohmaterial ist nicht die Wahrheit, es ist eine Idee.

Ein Mensch entdeckt zum Beispiel in sich den Glaubenssatz »Ich bin nicht gut genug«. Man kann diesen Glaubenssatz als Vorschlag betrachten, wenn du den Fuß ins Bewusstsein bekommst und eine Inventur deiner Gedanken gemacht hast.

Durch meine eingeübte Inventur habe ich meinem Gedankeninnenleben gegenüber eine Haltung kultiviert, die ausdrückt: »Ach ist das spannend, was du, lieber Kopf, da gerade wieder in dir hast. Welche ausgefuchsten und kreativen Geschichten! Ich glaube das jetzt nicht. Danke für das Rohmaterial. Ich weiß jetzt, dass das nicht automatisch die Wahrheit ist. Ich schlüpfe jetzt in das, was möglich ist, wenn ich es nicht glaube.«

Ganz einfach: Fühlt sich wahr und richtig an ist nicht gleich ultimative Wahrheit.

Gedanken, die sich stark anfühlen, sind in erster Linie einfach *bekannt*. Es ist *die Version,* die du am meisten denkst. Das Gute daran ist, dass du andere Wege ausbauen kannst und diese zum neuen »Normal« werden. Wenn du neue Gedankengänge integrierst, werden die wie ein Blitzableiter, den du mit jeder neuen Szene aufbaust, in der du den Fuß in die Bewusstseinstür kriegst und umdenkst. Praktisch wie eine Umleitung die, je öfter gedacht und benutzt, desto leichter zum neuen Lieblingsweg wird.

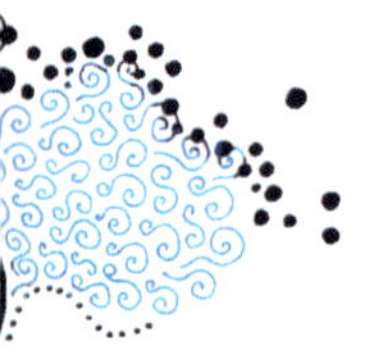

»The worst thing that can happen is a thought making a feeling. And thoughts are optional.«
(Brook Castillo, Life Coach, 2014)

Dieses Zitat greift für mich die Essenz aus der Macht der eigenen gemachten Bedeutung auf, die wir den Dingen in unserem Leben geben und kann zeitgleich eine Stille, Leichtigkeit geben, denn dann ist das Schlimmste, was dir passieren kann, im Endeffekt eben nur ein Gedanke (eine Bewertung ist ja ein Gedanke) und Gedanken sind optional.

Wenn du dir selbst bewusst machst, dass du deine Gedanken wirklich selbst kreieren kannst und wenn du erfährst, wie das geht.

Ich könnte jetzt hier ewig ausführen, wie das genau alles in deinem Kopf funktioniert, aber ich glaube, der Einfluss deiner Gedanken ist dir spätestens nach den letzten Kapiteln ziemlich bewusst.

Ich bin mir sicher, du musst nur an dich selbst denken und weißt sofort, was ich meine, wenn ich von Gedankenstrudel, Verkopftsein, Dinge zerdenken oder Gedankenkarussell spreche. Deshalb stelle ich dir meine Bewusstseinsintegrationsspiele (BIS) vor, die du benutzen kannst, um mit deinen Gedanken umzugehen, besonders wenn sie dich überwältigen. Wie Schlüsselspielchen, um deinen Gedanken auf neue Art zu begegnen.

Abbildung 49: Gedankendreieck

Denn wenn deine Gedanken der Anfang deines Wirkungsdreiecks (Scholz, 2022) sind, dann gilt es genau hier, kleine Spielstopps einzubauen. In unserem Dreieck setzen wir hier an der Stelle deiner Gedanken an, um den weiteren Verlauf der Kette zu beeinflussen.

Wenn du genau hier »Spielstopp« rufst, erzielst du die größte Wirkung. Dann schaffst du eine Pause, bevor du deine altbekannten Gedankenwege gehen kannst, die du immer benutzt hast. Und es eröffnet sich für dich die Chance, sich für neue Wege zu öffnen.

An dieser Stelle sage ich: »Spielstopp!«

Reinzoomen in deine Gedankenwelt

Wenn du richtig viele Gedanken haben willst, was musst du tun?
Über was musst du nachdenken, um dich runterzuziehen?
Welche Gedanken ziehen dir Energie?
Wo musst du hingehen, um deinen Kopf ein bisschen freier von Gedanken zu haben?
Bei welcher Aktivität ist dein Kopf unbelastet von Gedanken, denkst du am wenigsten?
Aus dem Bauch raus, was würdest du sagen, über welches Thema hast du bis heute am meisten nachgedacht?
Was hat dir das gebracht, bis heute, dass du so viele Stunden investiert hast?
Schau mal, in welcher Situation hat dir intensives Nachdenken so richtig geholfen?
In welcher Situation hat dir Nachdenken kein Stück geholfen?
Über was musst du nachdenken, um dich hinterher kraftvoller zu fühlen?

BIS 5

Überzeugungen auflockern

Bewusstseinsintegrationsspiel 5: »Überzeugungen auflockern«

(angelehnt an »The work« von Byron Katie, 2024)

Schritt 1: Nimm dir einen Zettel und zehn Minuten Zeit. Mach einen kompletten Gedankendownload.

Schreib alles, wirklich *alles* auf, was du in dieser Zeit denkst. Es reichen Sätze, Stichpunkte ... jeder kleine Gedanke.

Schritt 2: Such dir einen deutlichen Gedankenschnipsel aus dieser Sammlung aus. Schreibe ihn extra auf – und sage dir zu diesem:

Das ist *ein* Gedanke.
Das ist *eine* Version zu denken.

Schritt 3: Beantworte folgende Fragen:

Ist das wahr, was ich da denke?
Kann ich absolut (zu 100 Prozent) sicher sein, dass das wahr ist, was ich da denke?
Was passiert, wenn ich das glaube? Wer wäre ich, ohne diesen Gedanken?

Je öfter du das Ganze anwendest (du kannst dir in der nächsten Situation auch direkt einen Gedanken schnappen, den du gerade denkst), desto weiter wird dein Blickfeld für neue Wege.

Was das Ganze bei mir ausgelöst hat: Ich konnte diese emotionale Bindung, diese Stärke zu meinen alten Überzeugungen lockern und so schneller den Pfad zu neuen, mir guttuenden Überzeugungen aufnehmen.

Bitte schön, dein erstes Spielstopp-Spiel für deine Gedanken.

BIS 6
Gegenbeweise sammeln

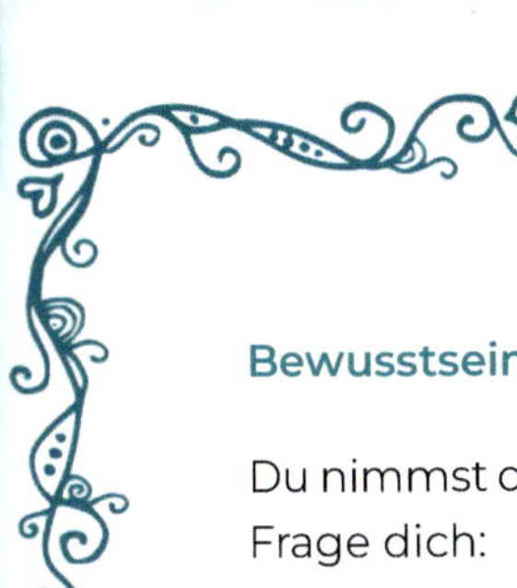

Bewusstseinsintegrationsspiel 6: »Gegenbeweise sammeln«

Du nimmst dir wieder einen Gedanken, den du bei dir entdeckst. Frage dich:

- Wie kann man die Situation, den Umstand noch sehen?
- Was wäre das Verrückteste, was man über diese Situation denken kann?
- Welche Beweise habe ich, die darauf hindeuten, dass dieser Gedanke nicht wahr ist?
- Wo habe ich etwas anderes erlebt als das Szenario, das ich gerade denke?

Erstelle dir eine Sammlung mit allen Gegenbeweisen.

BIS 7

Einmal Kette zu Ende denken

Bewusstseinsintegrationsspiel 7: »Einmal Kette zu Ende denken«

Weißt du, was mir irgendwann aufgefallen ist? Gerade bei so Sätzen wie »Ich halte das nicht aus …«, aber auch bei konkreten Szenarien, die wir uns basteln:

Wir denken das Ganze fast nie zu Ende. Damit meine ich, wir denken grobe, unvollendete Gedankenketten, irgendwas Halbfertiges, machen Szenarien auf, bis ins kleinste Detail, und steigern uns da so richtig schön rein.

Wenn du mal reinzoomst und anschaust, was du da machst, wirst du erkennen: Du hast die Kette gar nicht zu Ende gedacht, und genau *das* macht dir Sorgen und Angst. Weil du festhängst an einem Punkt der Story. Deshalb will ich dir im nächsten Spiel zeigen, wie du dir helfen kannst, indem du Ketten mal zu Ende denkst.

Das ist hilfreich, wenn du vor etwas Angst oder Hemmungen hast. Zum Beispiel, wenn eine bestimmte Situation ansteht, oder du überlegst, wie du mit etwas umgehen sollst. Oft gibt es tatsächlich mehr Sicherheit, mal das Worst-Case-Szenario durchzudenken und dann zu merken: Ich bin danach, an einem späteren Punkt der Story, wieder okay. Du spielst dein gedachtes Szenario also mal durch und folgst dann folgenden Schritten mit der wiederholten Frage:

Und was passiert dann? Und dann? …

Ein kleines Beispiel:

> Ich kenne eine Frau, die panische Angst davor hat, dass ein Parkautomat ihre Karte einzieht und nicht mehr ausspuckt. Und zwar so sehr, dass sie jedes Mal schon vorher gestresst ist, wenn sie weiß, sie muss gleich zum Parkautomaten.

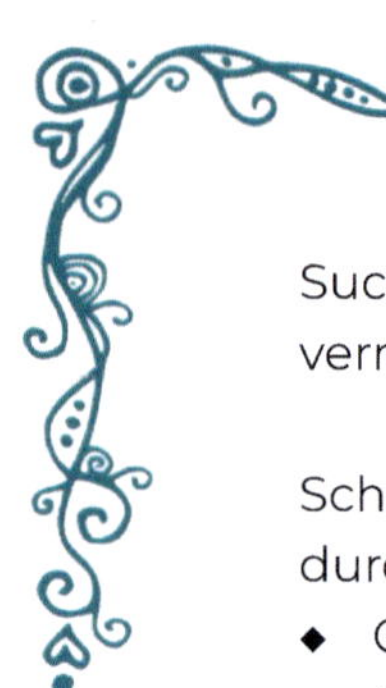

Such dir eine Situation aus deinem Leben, die du am liebsten vermeiden willst.

Schnapp dir diese Situation und spiele sie anhand der Fragen durch:

- Okay, was passiert da genau?
- Okay, was ist der Worst Case? Und was passiert dann?
- Und dann?
- Wie reagierst du dann?
- Und wie fühlst du dich dann?

Indem du den Worst Case durchspielst, erzielst du zwei Effekte: Du fühlst dich mal wirklich in deinen Worst Case rein und wirst merken: So schlimm ist das ja gar nicht, oder aber du findest den Worst Case wirklich so schlimm, dann geht die Kette noch weiter. Hier solltest du nicht steckenbleiben, sondern weiter (durch-)spielen:

Und was passiert dann? Wie reagierst du dann? Wie fühlst du dich dann?

Spiel deine Szenarien mal zu Ende, bis zu dem Moment, wo du wieder okay bist.

Wenn du nicht an den Punkt kommen solltest, bist du noch nicht am Ende der Kette.

Dann fehlt vielleicht noch ein: Und was passiert dann?

In meinem Beispiel mit der Frau und dem Parkautomaten lief folgende Kette ab:

Was passiert, wenn der Automat deine Karte nicht mehr rausgibt?
Dann komme ich nicht dran.
Und dann? Wo ist die Karte?
Die ist im Automaten.
Was passiert dann?
Dann muss ich mir überlegen, wie ich die wiederbekomme.
Und?
Na, dann frage ich den Verwalter vom Parkhaus.
Und dann?
Dann werde ich sie wiederbekommen.

Und dann?
Habe ich sie wieder.
Wie ist das dann? …

Was passiert durch die Magie dieses Spieles? Man sieht: Am Ende ist es gar nicht so dramatisch – man findet für alles eine Lösung, wenn man nur weiterdenkt. Die Frau im Parkhaus musste irgendwann selbst lachen, weil sie merkte, dass das Ende der Kette gar nicht so dramatisch ist. Sie hat sich durch dieses also selbst einmal in die Erfahrung getragen.

Genauso funktioniert das Ganze auch für große Horrorszenarien. Probiere es aus!

BIS 8
Babygehirn spielen

Bewusstseinsintegrationsspiel 8: »Babygehirn spielen«

In Situationen, in denen du denkst, du traust dich nicht, oder vor denen du Angst hast, kannst du einfach mal Babygehirn spielen.

Das funktioniert so: Erinnere dich daran: Mit einem Babygehirn weißt du noch nicht alles, was du jetzt weißt, und bist ganz unvoreingenommen. Leer von dem, was du jetzt weißt. Von deinen Bewertungen und deinen Einord-Pärchen. Spiel genau damit.

»Im Spiel weiß ich jetzt noch nichts ...«

Wenn du alles, was du jetzt zu dieser Situation weißt, nicht in dir hast ...

Was würdest du dann jetzt tun?

BIS 9
Gänseblümchenkarussell

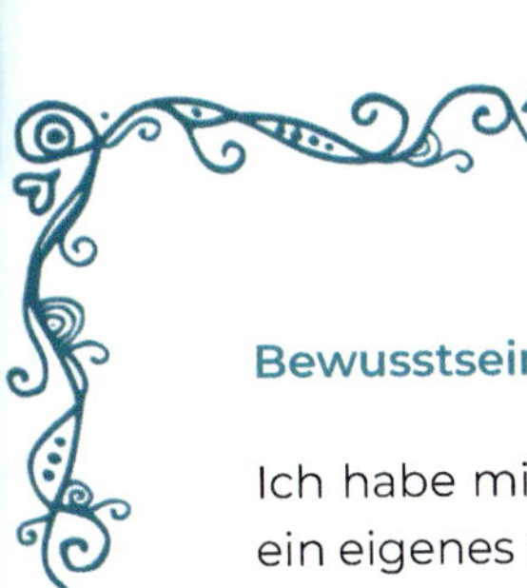

Bewusstseinsintegrationsspiel 9: »Gänseblümchenkarussell«

Ich habe mir mit meiner besten Freundin aus Kindheitstagen ein eigenes Spiel ausgedacht. Wir waren einige Male auf einem Spielpatz am Ende unserer Straße. Da gab es dieses kleine, offene Karussell aus Metall, mit zwei rundlich geformten Bänken und einem kleinen Tischchen in der Mitte.

Unser Spiel sah wie folgt aus: Am Rande des Spielplatzes gab es ein bisschen Rasenfläche mit Gänseblümchen. Die haben wir gepflückt, zum Karussell getragen und um das Karussell herum verstreut. Dann haben wir das Karussell beschleunigt, natürlich so schnell es ging, uns auf den Bauch gelegt, sodass wir mit unseren Köpfen über den Rand lugten. Nun galt es, während das Karussell sich drehte, so viele Gänseblümchen wie möglich einzusammeln. Wer am Ende die meisten hatte, hatte gewonnen.

Stell dir vor, die Gänseblümchen stehen für die kleinen, schönen Momente deines Tages, für die du dankbar bist. In dem Moment, während du sie erlebst, pflückst du sie. Später, zum Beispiel abends, kannst du sie dann nochmal auspacken, vor dir verstreuen und erneut einsammeln.

Scanne nochmal deinen Tag durch.

Erstelle eine Sammlung deiner Lieblingsmomente.

Was waren die schönsten Kleinigkeiten, die dir passiert sind?

BIS 10

Dankbarkeitssammlung Routine

Bewusstseinsintegrationsspiel 10: »Dankbarkeitssammlung Routine«

Du kannst dieses Spiel auch jeden Tag in deine Routine einbauen.

Such dir aus, ob du deine schönen Momente im Kopf abrufst, ob du sie benennst oder sie in ein kleines Notizbuch hineinschreibst. So erlebst du die Glücksgefühle, die du mit den Gänseblümchen verbindest, zweimal.

Je öfter du das machst, desto deutlicher wirst du merken, dass du als wunderschönen Nebeneffekt dann auch noch feinfühliger wirst für diese Momente, schon während sie passieren.

Und das potenziert deine Glücksgefühle gleich nochmal. Dadurch hast du Einfluss auf deine gewöhnliche Gedankenautobahn, du befeuerst neue Gedankenwege und baust sie aus.

BIS 11

Das Universum ist noch viel krasser

Bewusstseinsintegrationsspiel 11: »Das Universum ist noch viel krasser«

Ja, mein Kopf ist sehr kreativ. Aber ich bin überzeugt: Das Universum ist noch viel kreativer und verrückter, als mein Verstand es sich je vorstellen könnte.

Ich bin überzeugt: Nichts geschieht zufällig. Dafür ist das Universum zu intelligent.

Weißt du, wann ich diesen Satz gern verwende? Wann immer mein Kopf sich in Ideen für die Zukunft verliert, mir Möglichkeiten präsentiert, wie ich vielleicht etwas Bestimmtes erreiche, zum Beispiel meinen Traumpartner kennenlernen, dann lehne ich mich ein bisschen zurück und sage: »Ach, lieber Kopf, das ist ja so spannend, was du für Ideen hast, aber das Universum ist noch viel krasser.«

Mittlerweile weiß ich, dass es verschwendete Energie ist, sich all diese Geschichten auszudenken, denn am Ende wird es ganz anders. Überlege, wie viele Ideen zu bestimmten Zielen oder Vorhaben du schon hattest. Wie oft kamen die genau auf diese Weise in dein Leben? Also bei mir eigentlich fast nie. Liegt darin nicht genau die Magie? Dass die Geschichten, die Szenen, die es braucht, eben nicht vorher schon von dir geschrieben werden?

Wann immer du dich in diesen Ideen verlierst, hilft es vielleicht zu sagen: »Ach, das Universum ist noch viel krasser.«

Es hilft auch, wenn du gerade etwas erlebst, was dich wirklich herausfordert.

BIS 12
Erlebnisse abschließen

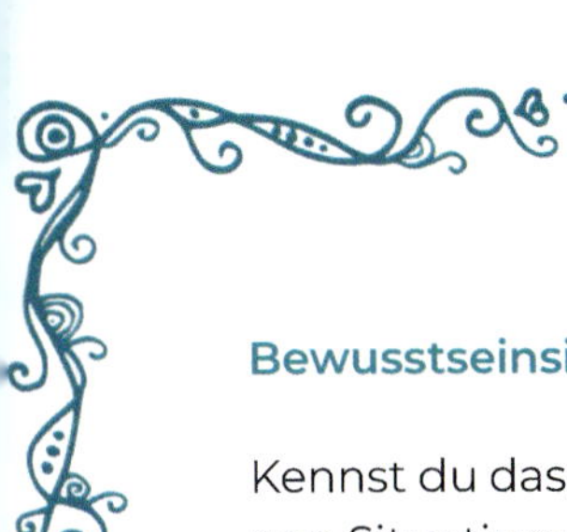

Bewusstseinsintegrationsspiel 12: »Erlebnisse abschließen«

Kennst du das, dass man manchmal ganz schön mit vergangenen Situationen kämpft. Mit Erlebnissen, die doch schon längst vorbei oder vergangen sind. Man grübelt darüber nach, was geschehen ist und was man gern anders gehabt hätte.

Jetzt ist die Situation vorbei. Während du genau das tust, nutzt du dafür deine Lebensminuten. Du füllst diese niemals wiederkommenden, wertvollen Lebensminuten mit deiner wertvollen Energie, auf die Vergangenheit gerichtet zu sein. Eine, die so nicht mehr wiederkommt und abgeschlossen ist.

Ich denke, dass dir hier das folgende Bewusstseinsintegrationsspiel helfen kann.

Stell dir vor, du fängst ein Erlebnis ein, zum Beispiel wie mit einem großen Kescher. Fang es ein und bilde einen Rahmen darum, wo du alles sammeln kannst, was dazugehört. Leg alles rein: deine visuelle Erinnerung an das Erlebnis, deine Eindrücke, deine Gefühle und auch deine Gedanken, deine Bewertung zur Situation. Die sind alle absolut in Ordnung, genauso wie sie jetzt sind. Pack sie alle dazu. Stell dir vor, du packst sie in eine Form der Erinnerung und jetzt legst du eine große Geschenkschleife darum herum. Schnürst es richtig fest und setzt es dann dankbar in dein imaginäres Erlebnis-Regal. So wie es gewesen ist, pur, ohne es zu verändern. Ohne daran zu drehen. Mit einer Schleife der dankbaren Vollendung ist es nun einsortiert.

Abbildung 50:
Vollendungsschleife

BIS 13
Der nächstschönere Gedanke

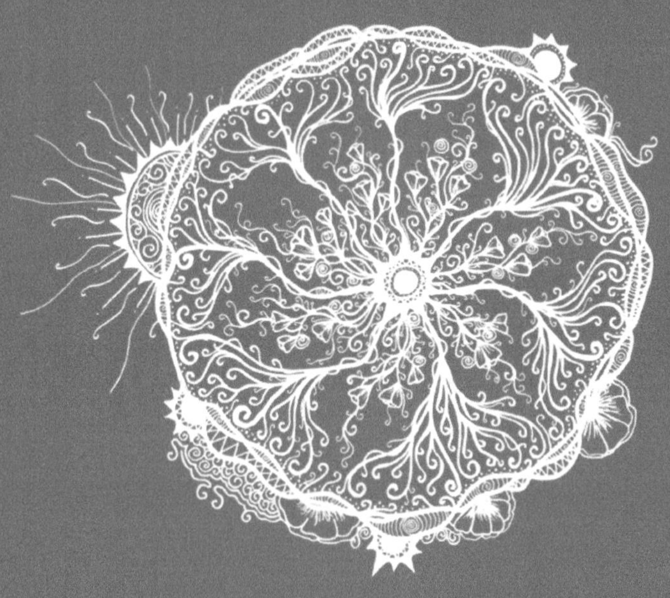

Bewusstseinsintegrationsspiel 13: »Der nächstschönere Gedanke«

In diesem Spiel geht es darum, dass du erkennst, wie selbstwirksam du deine Gedankenwelt gestaltest und welchen Einfluss das hat. In diesem Spiel kannst du spüren, was damit gemeint ist, wenn man sagt: Du *machst* dir deine Gedanken.

Beobachte deine Gedanken und frage dich dann: Was wäre jetzt ein richtig schöner Gedanke? Nimm dir vor, den letzten Gedanken durch einen schöneren zu ersetzen. Und dann den nächstschöneren Gedanken ... Mache das eine Weile und beobachte, was in dir passiert, wenn du an sie denkst. Wenn du zwischendurch aus dem Spiel gerätst, macht das nichts, dann nimmst du im nächsten Gedankengang den nächstschöneren Gedanken (vgl. Seiler, 2022).

Rutsche – Deine Gefühlswelt

Ich weiß noch, als Kind fand ich Rutschen faszinierend, auch wenn sie mir manchmal etwas Angst gemacht haben. Vor allem haben sie immer ein bisschen Mut gekostet.

Ich weiß noch, wenn ich mal vor einer großen Rutsche gestanden und gezögert habe, zum Beispiel bei so endlos wirkenden Wasserrutschen oder auch bei den großen Röhrenrutschen auf Spielplätzen, dann aus folgendem Grund: Weil ich wusste, wenn ich da einmal drin bin, kann ich nicht mehr zurück. Und weil ich die Dimension nicht richtig einschätzen konnte.

Ich denke, so geht es, neben mir, vielen Menschen mit starken Gefühlen, wenn sie denken, dass große Gefühlswellen sie überwältigen könnten.

Und genau für deine großen Gefühle ist dieses Kapitel gedacht. Angst war immer ein großes Thema für mich. Deshalb liebe ich es zu teilen, was mir hierbei geholfen hat.

Meine Lieblingsimpulse dazu beziehen sich eigentlich nicht nur auf die Angst, sondern auf alle »großen« Gefühle (Scham, Trauer, Wut), die wir am liebsten gar nicht fühlen wollen. Zumindest so lange, wie wir das Geschenk in ihnen nicht sehen oder nicht wirklich davon überzeugt sind.

Abbildung 51: Rutsche

In Bezug auf starke Gefühle in meinem Leben war das so:

Zuerst habe ich versucht, sie mit allen möglichen Strategien zu unterdrücken oder zu vermeiden. Dann war ich in der Phase, wo ich verstand, dass große Gefühle wie Angst zum Leben dazugehören. Ich wollte lernen, sie einzuladen, sie anzunehmen und mich darauf konzentrieren, irgendwie damit umzugehen, mich in Akzeptanz üben. Das hat mir auf jeden Fall geholfen, mit diesen Gefühlen in eine engere Beziehung zu kommen.

So hatte ich nicht mehr diesen Druck, sie bekämpfen zu müssen.

Mir hat geholfen zu verstehen, was Emotionen sind. Dieses Wissen hat meinem Körper gutgetan.

Wissenspopcorn

Emotionen

Emotionen sind zunächst einmal (nur) Energien, die sich durch deinen Körper bewegen und durch neuronale Impulse und Hormonausschüttung in deinem Körper entstehen (vgl. Vaas, 2000).

Gefühlen wollen sich bewegen, durch dich hindurchfließen.

Wenn du sie blockierst, werden sie starr und können nicht durchfließen. Stell dir einen Fluss vor. Wenn du Steine reinlegst, staut sich das Wasser und die Bewegung wird unterdrückt.

Heute weiß man, dass Gefühle in Wellen kommen und einen bestimmten Verlauf haben. Gefühle steigen auf, erreichen einen Höhepunkt und flachen dann ab.

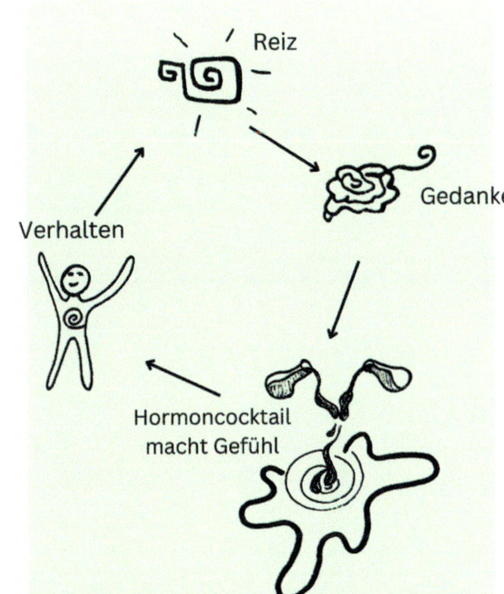

Abbildung 52: Hormoncocktail

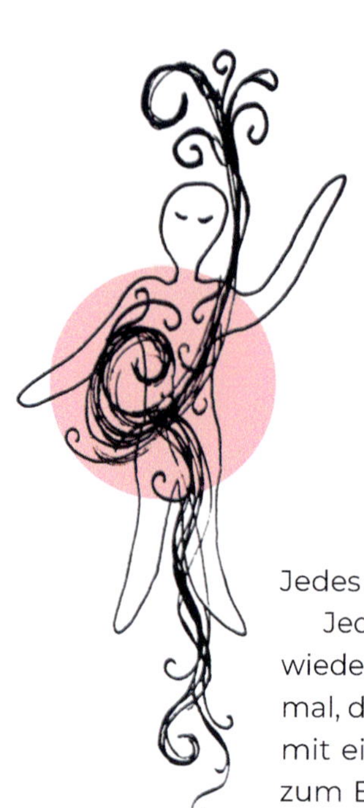

Abbildung 53:
Emotionen fühlen

Jedes Gefühl hat also einen Anfang und ein Ende.

Jede Gefühlswelle hat den gleichen Ablauf: Sie steigt auf, sinkt wieder ab und dauert einige Minuten. Ich erwähne hier noch einmal, dass es sich hier um biochemische Prozesse in Verbindung mit einem Energiefluss in deinem Körper handelt. Du stellst zum Beispiel fest, dass du dich zusammenziehst, verkrampfst und dich unwohl fühlst. Oder du bemerkst, wie du weich wirst, dich öffnest und dein ganzes Nervensystem sich entspannt, weil du dich gerade total wohlfühlst.

Es ist eine Erfahrung. Beruhigend, oder?

Für deinen Kopf ist also ganz wichtig: Du bist nicht das Gefühl. Du bist das, was fühlt. Du bietest den Raum, in dem dieses Gefühl in Erscheinung treten kann. Du bist der Wahrnehmungsraum dafür.

Jetzt kommt der Körper, das fühlbare Erleben und die fühlbare Veränderung.

Nun habe ich ein Gedankenexperiment für dich:

Was, wenn Gefühle einfach nur gefühlt werden wollen? Was, wenn dein Gefühl kommen und gehen will, einmal als die Energie, die es ist, durch dich durchfließen möchte, wie durch ein Gefäß?

Was, wenn du nicht lernen musst, mit ihnen irgendwie »umzugehen«, sondern sie als Teile dieses Lebens zu akzeptieren?

Abbildung 54:
In Mir

Erinnerst du dich an die Gedanken, die Geschichten, mit denen deine Einordmaschine die Dinge einordnet? Aus dieser Sicht heraus ist auch die Aufteilung von Gefühlen in gute und schlechte Gefühle eine Geschichte, die du dir erzählst.

Was, wenn nicht ein Gefühl das Problem ist, sondern dein Widerstand dagegen? Deine Inakzeptanz für diese Situation und dein Nein zu diesem Gefühl?

Wie wäre die Welt, wenn du einverstanden wärst damit, dass das jetzt da ist? Und eben nichts dagegen machen müsstest?

Abbildung 55:
E Motion

Was wäre, wenn du beobachten könntest, wie ein Gefühl kommt und du müsstest einfach nichts tun? Kein Widerstand, nicht mal auf Akzeptanz drängen. Du würdest es einfach dalassen und es fühlen. Dann hast auch du die Chance zu fühlen, wie es wieder abflacht.

Fühle ein Gefühl eben wirklich mal durch. Gib dich dem voll hin, verpasse nicht das Ende, indem du gar nicht erst reingehst. Wenn du jedem Gefühl mit einer akzeptierenden Haltung begegnest und du dich auf Gefühlswellen aller Art einlässt, anstatt sie zu vermeiden, zu verdrängen oder zu betäuben, hast du die Chance zu erfahren, dass du schmerzhafte und unangenehme Gefühlswellen erleben und überstehen kannst.

Du gibst mir das Gefühl von ...

Was ich noch wichtig finde: Kein Mensch kann dir ein Gefühl geben. Man sagt ja so gern: »Person X gibt mir das Gefühl von ...«

Wenn wir das näher betrachten, wirst du erkennen, warum das so nicht geht. Eine Person (oder sonst etwas im Außen) kann einen Reiz setzen und du in dir, ganz allein, machst das Gefühl dazu. Von vorn bis hinten. Vom ersten Funken bis zum Abflachen durch deine eigenen Prozesse in dir. Keine Person kann dir ein Gefühl geben.

Abbildung 56: Gefühl geben

Das Gute daran ist: Wenn du den Gedanken zulässt, holst du deine Macht zu dir zurück und erkennst deine Selbstwirksamkeit. Ich finde, das hat etwas Beruhigendes. Denn dann geht es wieder darum, dass du dich einbringst, in dem Moment, in dem die Gefühle in dir auftauchen.

Auf der anderen Seite hat es aber auch einen genialen Effekt: Es ist eine ungeheure Kraft zu wissen, dass du dir deine Gefühle selbst machst, vom Anfang bis zum Ende. So ist es auch, wenn du etwas oder jemanden liebst, dann fühlst du es von vorn bis hinten.

Aber wozu sind Gefühle denn jetzt da?

Meiner Überzeugung nach sind Gefühle dazu da, dass du dich in Bezug auf all die Dinge in dieser Welt, zu deiner Außenwelt erfährst, eben durch das, was du fühlst, in Reaktion darauf. Dass du deine Resonanz erkennen und dich danach ausrichten kannst. Sie sind dein emotionales Navi.

Elizabeth Gilbert beschreibt sich selbst als genialen Mechanismus, als ein System, was runtergebrochen eigentlich sehr einfach funktioniert (vgl. Gilbert, 2020).

Ich liebe diese Beschreibung, denn sie macht deutlich, wofür wir unsere Gefühle haben und vor allem, wie wir diese nutzen können: Sie sagt, eigentlich habe sie nur zwei Zustände, in denen sie sich selbst erfährt: Entweder sie dehnt sich aus, was für sie bedeutet, dass sie im Flow ist, oder sie zieht sich zusammen und kollabiert, was für sie bedeutet, dass das gerade kein guter Weg für sie ist. Sie betont, es habe zwar in der Feineinstellung etwas gedauert, aber sie nutzt genau diese beiden Zustände als Wegweiser für die Frage, ob etwas richtig für sie ist.

Kennst du das auch? Wie ist das bei dir? Wie fühlst du dich, wenn du dich wohlfühlst und wie, wenn sich etwas nicht gut anfühlt?

Stell dir vor, es ist so einfach, dass du deine Gefühlsempfindungen als Navi nutzen kannst, indem du dich immer wieder zwischendurch fragst:

Wo dehnst du dich aus?

Wo wirst du mehr von dir?

Dein 1×1 der Gefühle

Spüre jetzt mal in deinen Körper. Schließe dafür deine Augen und nimm wahr, welches Gefühl jetzt gerade in dir vorherrscht. Gibt es noch ein anderes Gefühl? Schließlich können wir zu einem Zeitpunkt verschiedene Gefühle in uns haben.

Neben Gefühlen gibt es Körperempfindungen, wie z. B. Druckschmerz, ein Kribbeln auf der Haut, einen Stich, also ganz spontane Empfindungen, die du durch deinen Körper wahrnehmen kannst.

Im Folgenden kannst du dich und deine Gefühlswelt reflektieren, um festzuhalten, welche Gefühle du im Alltag in dir wahrnimmst. Die Grundgefühle nach Marsha Linehan lauten: Liebe, Freude, Ärger, Traurigkeit, Angst und Scham (vgl. Linehan, zit. nach Förster, 2024). Woran erkennst du diese Gefühle bei dir?

Deine Gefühle sind sehr eng mit Körperreaktionen verbunden. Wenn du magst, kannst du neben deinen Gefühlen auch deine Körperreaktionen festhalten. Beobachte dich ganz genau. Du wirst merken, dass sich deine Wahrnehmung verfeinert, je öfter du das im Alltag übst. Zum Beispiel habe ich lange geglaubt, dass ich weine, weil ich Traurigkeit, Schmerz oder Enttäuschung spüre. Erst vor ein paar Jahren bemerkte ich, dass ich auch vor Wut weine. Ich weine, wenn ich mich nicht abgegrenzt habe.

Sollte dir gerade nicht so viel einfallen, dann nimm deine Neugierde, verlagere deine Entdeckungstour in den Alltag und beobachte dich weiter. Es ist ganz normal, dass wir Menschen unsere Gefühle unterschiedlich stark wahrnehmen, unterschiedlich sensitiv sind und natürlich unterschiedliche Gefühle fühlen.

BIG TOOL 2

Mein Gefühls 1×1

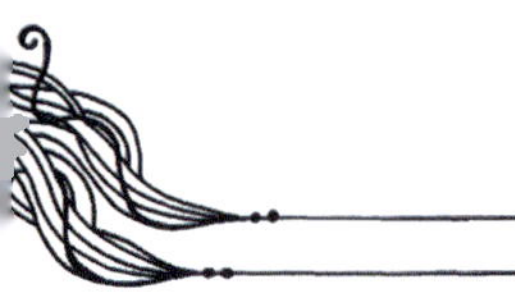

WUT

Woran merkst du, dass es Wut ist? Wie fühlt sich das an? Was empfindest du im Körper? Wie reagiert er, wenn du das Gefühl in dir hast?

SCHAM

Woran merkst du, dass es Scham ist? Wie fühlt sich das an? Was empfindest du im Körper? Wie reagiert er, wenn du das Gefühl in dir hast?

ANGST

Woran merkst du, dass es Angst ist? Wie fühlt sich das an? Was empfindest du im Körper? Wie reagiert er, wenn du das Gefühl in dir hast?

TRAURIGKEIT

Woran merkst du, dass es Traurigkeit ist? Wie fühlt sich das an? Was empfindest du im Körper? Wie reagiert er, wenn du das Gefühl in dir hast?

FREUDE

Woran merkst du, dass es Freude ist? Wie fühlt sich das an? Was empfindest du im Körper? Wie reagiert er, wenn du das Gefühl in dir hast?

LIEBE

Woran merkst du, dass es Liebe ist? Wie fühlt sich das an? Was empfindest du im Körper? Wie reagiert er, wenn du das Gefühl in dir hast?

Die Rutsche als Abkürzung

Jetzt kommen wir zu den wunderschönen Gefühlen, die wir gern fühlen. So symbolisiert die Rutsche für viele Menschen das Gefühl der puren Lebensfreude.

Wenn du dich auf eine Rutsche setzt und losrutscht, dann kommt der Moment, da gibt es kein Zurück mehr. Nervenkitzel, Lebendigkeit und Freude. Drin, zack und los. Beschleunigung und wusch. Wie eine energievolle Abkürzung zu einem neuen Punkt.

Analog dazu kannst du dir kleine Booster zum Beschleunigen deiner neuen Denk-, Fühl- und Handlungsmöglichkeiten als Abkürzungen in dein Leben einbauen.

Die Vorarbeiten für neue Möglichkeiten hast du ja schon längst erledigt durch dein Bewusstwerden im Großformat. In deine Gefühle kannst du dich selbst immer und überall einklinken.

Stell dir also vor, du baust dir deine eigenen Abkürzungsrutschen in dein Leben ein. So wie Worte als Code genutzt werden können. Wie Symbole, die als Erkennungszeichen für einen ganzen Wissensvorrat dahinterstehen können.

So baust du dir kleine Abkürzungen ein: raus aus alten Mustern, hinein in neue (Bewusstseins-)Zustände.

> In der nächsten Alltagssituation, in der du gerade deine Vergangenheit wiederholen willst, musst du nur noch die Rutsche finden, die dir die Version zu rutschen zeigt, die du erleben möchtest. Am Ende ist auch das dann eine Rutsche als Abkürzung in neue Lebensmomentstückchen. Hier steigst du dann in den Teil mit deinen Gefühlen (E = Emotionen) ein und wirkst somit auf den weiteren Verlauf ein.
>
> Es ist so, dass man sich Dinge am stärksten merkt und somit auch am schnellsten lernt, wenn sie emotional aufgeladen sind. Deshalb empfehle ich dir, diesen Einstieg in deine alte Musterunterbrechung an dieser Stelle am häufigsten zu nutzen. Der größte Booster für neue Lebensmomentstückchen sind deine Gefühle, immer dann, wenn du sie dir abrufst.

Abbildung 57:
Emotionendreieck

Kennst du das, wenn man sich als Kind so richtig hochgepusht hat, beispielsweise durch eine Gruselgeschichte? Dann schmückt man die gegenseitig aus und steigert sich so richtig schön in die zugehörigen Bilder und Gefühle dazu rein. Vor allem durch die Gefühle dazu.

Genau dieses Phänomen kannst du auch umdrehen und für dich nutzen.

Das wäre deine erste Booster-Rutsche für dich, hin zu deiner Wunschversion. Deshalb ist es so wichtig, über das zu reden, wie du gern sein willst und was du in deinem Leben haben möchtest, und es mit Gefühlen zu belegen. Ich empfehle dir sogar, dich richtig in deine Visionen reinzusteigern, wie als kleines Kind.

An dieser Stelle sage ich: »Spielstopp!«

Steigere dich rein in deine Lieblingsrealität

Stell dir vor, du hast eine Idee, die du gern umsetzen willst.

- Was musst du tun, damit du eine Idee auf jeden Fall verwirfst?
- Wem musst du davon erzählen, um sie ausgeredet zu bekommen oder zu zweifeln?
- Wo musst du hingehen, um dich ins Vertrauen zu kriegen?
- Was braucht es, damit du das Gefühl hast, dass du alles schaffen kannst?
- Mit wem kannst du dich so richtig gut in schöne Visionen reinsteigern?
- Wie sieht es aus, wenn du nicht lernen musst, mit starken Gefühlen umzugehen, weil sie schon Teile deines Lebens sind?

»Ich kam hierher, um den kompletten magischen Ritt mitzumachen. Ich will die komplette Achterbahnfahrt, um am Ende nichts von dieser menschlichen Erfahrung ausgelassen zu haben.«
(Gilbert, 2020)

Zur Erinnerung: Ohne das Dunkle kannst du das Helle nicht erfahren. Ohne das Laute nicht das Leise. Wie willst du also erkennen, dass du gerade mit absoluter Lebensfreude gefüllt bist, wenn du tiefe Trauer nicht kennst?

Ich selbst nenne es die komplette menschliche Erfahrung mit der ganzen Palette an Gefühlen.

Willst du wirklich hier sein und am Ende etwas davon ausgelassen haben?

BIS 14

Mut-Liste

Bewusstseinsintegrationsspiel 14: »Mut-Liste«

Stelle dir eine Liste mit Situationen zusammen, vor denen du Angst hast oder wo du Hemmungen spürst. Anfangen kannst du zum Beispiel mit vermeintlichen Kleinigkeiten, dann steigerst du dich nach und nach. Als Übung oder Spiel probierst du dann jeden Tag eine Sache davon aus. Mit der Angst auf der einen Seite und dem Mut auf der anderen Seite. Der Preis, das Geschenk dahinter, ist das stetige Gefühl, was sich hinterher einstellt: Du wirst an dir herunterschauen und merken: An meiner Seele ist noch alles dran. Erinnerst du dich? Diese grandiosen An-meiner-Seele-ist-noch-alles-dran-Momente?

BIS 15

Oh toll, eine Gefühlswelle!

Bewusstseinsintegrationsspiel 15: »Oh toll, eine Gefühlswelle!«

Mit diesem Spiel kannst du deine Haltung zu Gefühlen, die du gern vermeidest, um 180 Grad drehen. Perfekt für eine Situation, in der du das nächste Mal das Gefühl hast, von einer Gefühlswelle überwältigt zu werden.

Stell dir vor, eine Fee würde vorbeikommen und dich verzaubern. Du würdest ab jetzt wissen, dass du jedes Gefühl von vorn bis hinten durchfühlen kannst. Stell dir vor, du wärst gierig auf alle Gefühlserfahrungen. Auf die schönen und die unangenehmen. Stell dir vor, du würdest sogar die unangenehmen erfahren und in der Erfahrung denken: Ja, ich bin lebendig. Denn das ist es, du bist lebendig. Stell dir vor, du würdest das Gefühl mit deinem offenen Körper und Herzen empfangen, dich groß machen, ausbreiten und es komplett annehmen, nach dem Motto: Hier bin ich, komm ich mache dir Platz in mir und eine Fläche, in der du dich komplett ausdehnen kannst, bis du wieder abklingst. Diese Einladung kannst du mit deinem Körper deutlich machen, indem du öffnende, ausdehnende Haltungen einnimmst.

Stell dir vor, die Fee hat dir eine so große Neugierde und Freude eingezaubert, dass du nichts von dieser Welle verpassen willst, weder den Anfang noch das Ende. Wie sähe das aus?

Probiere es beim nächsten Mal aus, wenn dich eine große Gefühlswelle überschwemmen will. Lass sie zu. Lade sie herzlich ein, gebe ihr alles, was sie will. Anstatt in eine Vermeidungsstrategie zu gehen, könntest du dich bei der nächsten Welle so richtig anbieten. Sag: Ja, hier bin ich, komm, fließ so richtig durch, komm und werde noch größer. Verbinde dich mit der Neugierde, was passiert, wenn du das Ganze zulässt.

Diese Erfahrung ist wieder ähnlich wie das Runterrutschen einer noch unbekannten, neuen, großen Rutsche. Je öfter du diese runterrutscht, desto bekannter wird sie für dich, desto sicherer fühlst du dich in ihr.

BIS 16

On- und Off-Knöpfe

Bewusstseinsintegrationsspiel 16: »On- und Off-Knöpfe«

Wenn Elizabeth Gilbert beschreibt, wie sie sich um ihre Gesundheit kümmert und Entscheidungen trifft, dann sagt sie, sie habe »On-Knöpfe« und »Off-Knöpfe«. Je reifer sie in ihrem Leben wird und sich selbst bewusster wahrnimmt, desto besser und schneller spürt sie: Das hier ist ein On-Knopf und das ein Off-Knopf. Das können Tätigkeiten, Gespräche, Umfelder, Jobs oder Begegnungen sein (vgl. Gilbert, 2020).

Stell dir vor, du teilst deinen Alltag und alles das, was dir passiert, auch danach ein. Überlege am Abend: Was waren On-Knöpfe und was waren Off-Knöpfe für dich? Du kannst sie auch sammeln und dir abends ein bisschen Zeit nehmen und aufschreiben: Zwischendurch kannst du das auch mal im Alltag machen, um herauszufinden: Ist das hier gerade ein On- oder ein Off-Knopf für mich? Dehne ich mich gerade aus oder ziehe ich mich zusammen?

BIS 17

Bastle dir deine Visionsmediathek

Bewusstseinsintegrationsspiel 17: »Bastle dir deine Visionsmediathek«

Dieses Spiel ist mein Lieblingsspiel und es muss genau an diese Stelle. Ich sagte bereits, dass deine Gefühle der größte Booster für neue Zustände und damit neue Lebensmomentstückchen sind.

Bestimmt kennst du folgendes Phänomen: Du hast dieses eine Lied, das du mit einer erlebten Situation verbindest. Wenn du es hörst, bist du direkt wieder drin. Nicht nur in der Vorstellung, sondern so richtig im Gefühl. Genau das ist der Beweis dafür, dass du deine Gefühle für dich abrufen und aktiv nutzen kannst.

Bau dir innerlich deine eigene Mediathek an Visionsfilmchen auf, die dich in das Gefühl bringen, was du möchtest.

Ich selbst habe zum Beispiel mein Visionsfilmchen für jedes Jahr und das Abrufen sieht wie folgt aus. Ich höre ein ganz bestimmtes Lied und lasse dazu alle Visionen einmal kurz hochkommen. Ich steigere mich so richtig rein und rufe das Gefühl dazu ab, wie es sich anfühlt, wenn ich diese Vision erfüllt habe. (Tipp: Um ins Gefühl zu kommen, kannst du dir die letzte Szene abrufen, in der du dich so gefühlt hast.) Das ist wie eine Abkürzungsrutsche in diesen Zustand.

Abbildung 58: Fernbedienung

Schaukel – Selbstwirksamkeit und schöpferisch handeln

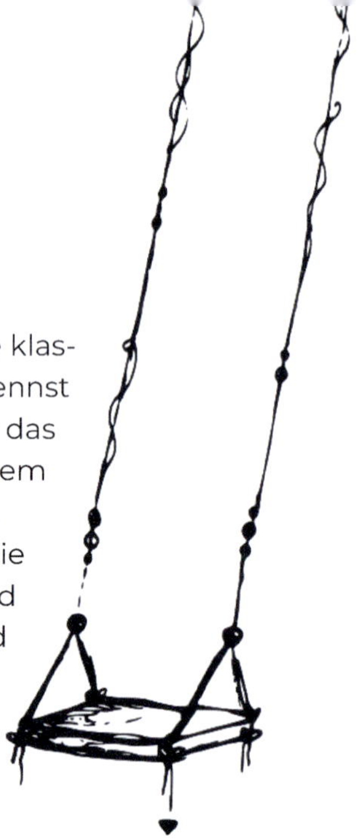

Zur Veranschaulichung präsentiere ich dir hier eine klassische Smalltalk-Situation aus meinem Leben. Du kennst sie sicher, die sporadischen Begegnungen, die dir das Leben manchmal beschert. Zum Beispiel mit einem Arbeitskollegen, den du ab und an mal kurz siehst.

Dann läuft das Smalltalkgespräch ungefähr wie folgt ab: »Hi.«, »Hey.«, »Na, wie geht's?«, »Gut, und dir?«, »Hast du heute das Teammeeting?« »Ja, und danach noch die Vorstellung von dem Projekt von letzter Woche.«, »Ah ja, stimmt, viel Erfolg!«, und dann landet man schnell beim: »Danke, schönen Tag dir noch.«, und geht seiner Wege.

Abbildung 59: Schaukel

Ich verrate dir jetzt mal was. Ich führe solche Gespräche fast nicht mehr. Das ist mein voller Ernst. Ich will sie nicht, ich mag sie nicht und ich greife nur auf sie zurück, sollte ich mal wirklich heftig müde oder mit irgendwelchen Themen in mir gerade so beschäftigt sein, dass es nur Sparflammenmodus für neue Reize im Außen bei mir gibt.

Ansonsten bin ich hochmotiviert, diese Gespräche umzugestalten, so gut es eben geht. Ja, wie ein Regisseur für meine Welt. Wobei die Metapher hinkt, denn der Regisseur plant Szenen berechenbar, das geht hier nicht. Was es letztendlich noch spannender für die Akteure macht.

Durch meine Umgestaltung kann das Ganze dann wie folgt aussehen: Ich: »Hi.«, Person X: »Hey, na, wie geht's?«, Ich: »Boah, ich stehe gerade echt neben mir ... und trage mich so durch den Tag, kennst du das?«

Aus Erfahrung weiß ich, ab hier werden wir höchstwahrscheinlich nicht die typische Abzweigung in die Smalltalk-Szene nehmen.

Wenn Kinder entdecken, was sie selbst alles bewirken können, dadurch, dass sie etwas tun und bemerken, dass daraufhin etwas passiert – das nennt sich das *Entdecken der Selbstwirksamkeit.*

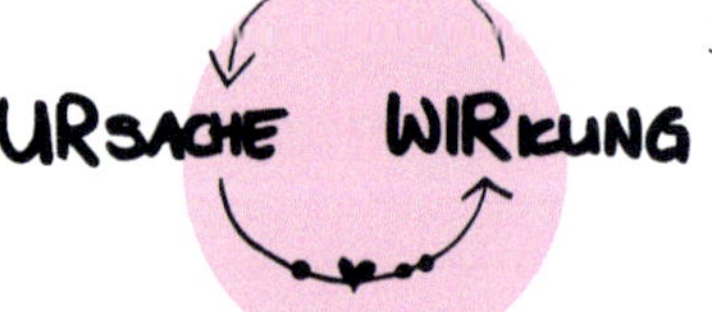

Abbildung 60: Ursache-Wirkung

Das fängt bereits im Babyalter an, zum Beispiel durch das Umwerfen des Bauklotz-Turms. Mit jedem Mal ist es ein weiteres Erforschen des *Ursache-Wirkungs-Prinzips*. Das Erkennen von: Ich setze eine Ursache und daraufhin passiert etwas.

Wissenspopcorn

Selbstwirksamkeit

Je größer die eigene Überzeugung, selbst etwas bewirken zu können, desto größer die Selbstwirksamkeit. Es braucht also Bewusstsein dafür, dass man selbst die Ursache ist, um etwas zu bewegen, zu verändern. Besonders relevant wird das, wenn man sich mit Herausforderungen konfrontiert sieht. Die Selbstwirksamkeit zeigt sich hier durch das Vertrauen in die eigenen Fähigkeiten, Einfluss zu nehmen und somit Herausforderungen zu meistern (vgl. Mai, 2024).

Wann hast du das letzte Mal geschaukelt? War das als Kind? Falls ja, lauf mal zum nächsten Spielplatz und setze dich auf die Schaukel drauf und beobachte dich und das Schaukeln.

Entweder schaukelst du dich selbst oder du lässt dich anschubsen.

Wenn du schaukelst, kannst du dich aus eigener Kraft (Ursache) in Bewegung (Wirkung) setzen, dann bist du die Ursache, oder wenn du dich anschubsen lässt, ist der Anschieber die Ursache für die Schaukelbewegung.

Als ich begann, mein Leben zu reflektieren, und im Speziellen rausfinden wollte, warum Dinge so sind, wie sie sind, da habe ich gemerkt, dass ich mir lange Zeit eingeredet habe, dass meine Umstände schuld an meinen Gefühlen sind. Zum Beispiel auch, dass das, was ich so alles in meiner Kindheit erfahren habe, der Grund dafür ist, dass es mir so geht, wie es mir jetzt nun mal geht.

Damit habe ich die Ursache für mich festgelegt. Zoomen wir da mal rein. In diesem gesetzten Konzept (dieser Geschichte), sind meine Erfahrungen (vielleicht andere Personen) die *Ursache* und das, wie ich mich jetzt verhalte, ist die *Wirkung*.

Was habe ich da, unbewusst, gemacht? Ich habe mir Überzeugungen dafür gebastelt, wer oder was die Ursachen für bestimmte Dinge in meinem Leben sind.

Kennst du das?

Wenn du dich mit dieser Ursache-Wirkungs-Geschichte, die du dir erzählst, identifizierst, dann ist sie gesetzt. Reingesetzt und verankert in deinem System. Daraus entsteht dann der Stoff für dein jetziges Sein in der Welt, vielleicht deine Einordmaschine 1.0, vielleicht aus Kindheitstagen. Das bedeutet, du setzt in ihr dein geschlussfolgertes *Selbstwirksamkeitsfeld.*

Das ist auf verschiedene Felder in deinem Leben übertragbar. Eigentlich auf alle.

Wissenspopcorn

Ursache und Wirkung

Das Prinzip von Ursache und Wirkung besagt, dass alles, was wir tun, eine Ursache sein kann, die direkt oder später eine Wirkung hat. Alles, was wir erleben, ist die Wirkung einer Ursache, die gesetzt wurde. Manches, was auf uns zukommt, ist die Wirkung von Handlungen, die wir selbst getan haben (vgl. Ennenbach, 2017).

Ein Element der systemischen Begleitung ist eingebettet in die Überzeugung: Man kann in einem System keine vorhersehbare Wirkung erzielen.

Es ist möglich, von außen (als Begleiter oder auch durch Informationen aus Medien etc.) einen Impuls zu geben, der das System irritieren kann.

Was danach geschieht, ist nicht vorhersehbar und hängt vom System ab.

Man setzt also einen Impuls, eine Ursache und bleibt offen für die Wirkung, die daraus entsteht.

Wie beschrieben, sehe ich dich und mich selbst auch als ein System. Wie ein kleines System, eingebettet in ein größeres System, die sich beide gegenseitig beeinflussen.

Abbildung 61: Wechselwirkung

Irritationen sind also ein Grundelement in systemischen Interventionen.

Wir Systemiker verstehen unsere Impulse als potenzielle Irritationen für ein System, die aktiv eingesetzt werden können. Zum Beispiel durch eine Frage, die wir in eine Familie geben. In diesem Fall will man damit einen Impuls geben, damit das System darauf reagieren kann. Genau durch dieses darauf reagieren, auf die eigene kreierte Weise, die nicht berechenbar ist, kommt Bewegung ins System und das schafft Veränderungen.

Wissenspopcorn

Harmonisierung und Autopoiesis

Eine Grundannahme in der systemischen Begleitung ist die Überzeugung, dass jedes System die Fähigkeit besitzt, sich immer wieder selbst zu erneuern. Dass jedes System es anstrebt, sich selbst zu erhalten und sich selbst wiederherzustellen, wenn es irritiert wird und oder in Ungleichgewicht gerät, um sich selbst wieder in einen Gleichgewichtszustand zu bringen (vgl. Baecker, 2020).

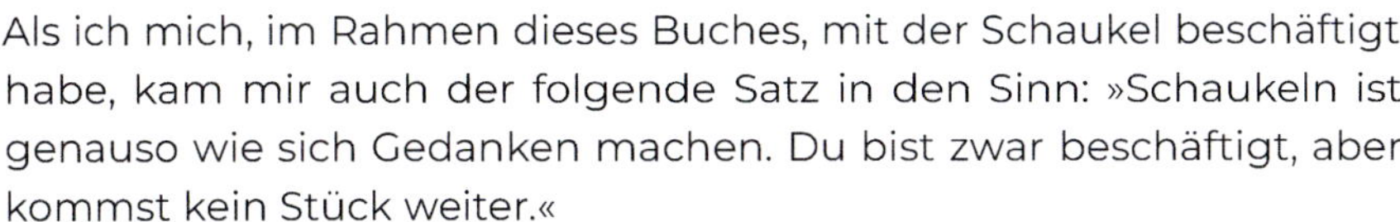

Als ich mich, im Rahmen dieses Buches, mit der Schaukel beschäftigt habe, kam mir auch der folgende Satz in den Sinn: »Schaukeln ist genauso wie sich Gedanken machen. Du bist zwar beschäftigt, aber kommst kein Stück weiter.«

Genau das passt hier auch. Denn wenn du in deinen alten Spiralen hängen bleibst, kommt nichts Neues. Du bleibst genau da drin, auf der Stelle.

Irritationen sind genial

Wenn ich darüber nachdenke, welche Bedeutungen das Wort »Irritation« hat, dann merke ich, dass es durchaus negativ besetzt ist. Als würde es etwas Irritierendes, etwas Störendes beinhalten, das man umgehen möchte. Ich kann es auch nachvollziehen, denn im ersten Tunnelblick-Moment oder -Zustand kann eine Irritation in einem das Gefühl von Unsicherheit hervorrufen, weil es eben etwas Neues, Unbekanntes ist.

Unsicherheit vielleicht auch in Bezug auf das, was man bisher glaubte zu wissen.

Ich sehe noch eine andere Qualität in Irritationen. Fehlende Sicherheit bedeutet auch, dass da ein Raum für Kreativität und etwas anderes ist. Vielleicht etwas Neues. Irritationen regen zum Nachdenken an und können als Inspirationsquelle dienen, um neue Sichtweisen auf Themen zu entwickeln.

Du brauchst dich nicht von außen irritieren zu lassen, das passiert sowieso immer wieder, du kennst das Leben. In der Zwischenzeit kannst du das Element integrieren, ganz spielerisch aus deiner Kreativität heraus.

Wenn du das Gefühl hast, dass du nicht weiterkommst oder feststeckst, sich deine Gedanken im Kreis drehen, dann ist es vielleicht Zeit, von der jetzigen Lebensschaukel herunterzugehen.

Das Leben selbst irritiert uns immer wieder aufs Neue. Ich muss also für meine Aufgaben und Herausforderungen ständig neue Lösungen kreieren. Aus dieser ressourcenorientierten Sichtweise also ein absoluter Vorteil für die Förderung der eigenen Gesundheit und den eigenen Umgang mit Stress.

Es gibt noch ein Feld, wo Irritation besonders wichtig werden kann, und zwar: Wenn du dich in einer emotionalen und/oder psychischen Krise erlebst.

Gunther Schmidt (2021) beschreibt das Ganze anhand der Problemtrance. Er ist der Überzeugung, dass eine Krise nicht durch das entsteht, was passiert ist (deine Umstände), sondern durch die gefühlte Hilf- und Machtlosigkeit durch deinen Tunnelblickzustand. In diesem Fall werden Irritationen zum Durchbrecher des Tunnelblicks, um etwas anderes sehen zu können.

Eine Irritation kann hier wie ein kleiner Riss sein, der in dieser Tunnelblase entsteht, und wenn es nur ein kleiner Haarriss ist, kann dadurch

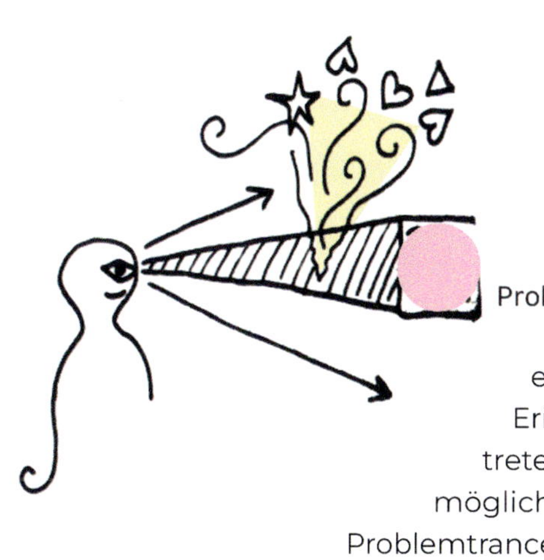

Abbildung 62: Tunnelblick

etwas Anderes, etwas Neues oder eine Erinnerung an etwas Altes, was hilft, eintreten. So werden Potenziale für Lösungsmöglichkeiten freigelegt, die man aus der Problemtrance heraus nicht sieht.

Kannst du dich daran erinnern, wie der verschwommene Blick von einem Karussell ist, was sich sehr schnell dreht? Du bist im Karussell zentriert, und die restliche Welt um dich herum verschwimmt. So kann es dir auch mit deinen Gedankenfetzen gehen (Sorgen), an denen du dich festklammerst oder in die du dich reinsteigerst. Du kannst dich so stark auf diese fokussieren, dass du den Rest nicht mehr erkennst. Wenn du das (Gedanken-)Karussell dann entschleunigst, wird die Welt wieder klarer. Wenn es dann irgendwann steht, kannst du sogar ab- oder aussteigen und deinen Fokus auf etwas anderes legen.

Wie ich im Abschnitt zur »hypnosystemischen Sichtweise« schon beschrieben habe: Jeder von uns befindet sich immer wieder in einem Zustand, in dem die eigene Aufmerksamkeit so selektiv auf einen bestimmten Bereich der Realität gelegt wird, dass die anderen nicht wahrgenommen werden.

Genau mit diesem Stoff deiner, in diesem Moment, ausgewählten (selektiven) Wahrnehmung hypnotisierst du dich dann quasi selbst. Wir gehen mit unserer Aufmerksamkeit auf bestimmte Dinge. Da wo unsere Aufmerksamkeit liegt, entsteht unsere Realität. Hier werden Irritationen (neue Impulse) dann wesentlich, damit überhaupt wieder Möglichkeiten ins Sichtfeld kommen können.

Also, was mache ich im Beispiel meiner veränderten Smalltalk-Situation? Ich werfe ein Steinchen (einen neuen Impuls) in dieses alte Drehbuchwasser, in diese Szene, die sich sonst auf ähnliche Weise wiederholt, mit austauschbaren Darstellern.

Das bedeutet, ich durchbreche eine alte, für mich typische Handlung und Reaktion, hier in Form von einer Aussage, die ich sonst tun würde.

Ich pflanze also einen neuen Impuls, bevor ich meine typische Vergangenheit verlängere. Hänge nicht ein altbekanntes (typisches) Lebensmomentstückchen dran. Das kann erst mal irritieren, vor allem,

Abbildung 63:
Reiz-Reaktion

wenn man dieses Feld nicht gewohnt ist. Man muss ja nicht gleich sein wahrhaftiges Innerstes nach außen holen, du kannst dich ja auch für einen kleineren Krümel entscheiden. So oder so – es verändert den gesamten Verlauf, das System.

In unserer Kette setzen wir hierbei im Bereich der Handlung an. Bringen eine neue Handlung ein, durchbrechen damit die Kette und verändern damit den weiteren Verlauf.

Mein Ziel ist zwar, keinen Smalltalk zu halten und im weiteren Sinne Verbindung zu schaffen, auch in kurzen Momenten (was für mich mit dem nach außen packen meiner Wahrhaftigkeit manchmal gelingen kann), doch welche Wirkung diese Ursache genau hat, kann ich nicht hervorsagen. Darin liegt dann wiederum eine Magie für mich.

Eine kleine, für mich positive Spannung, weil ich nicht weiß, was passiert.

So wie ein Kind am Anfang seines Lebens dieses Ursache-Wirkungs-Prinzip als Teil der physikalischen Gesetze neu lernt, so haben wir mit all unseren biografisch begründeten Schlussfolgerungen auch für uns selbst eingeordnet, wo wir die Ursache sind und wo nicht.

Und es gibt die Möglichkeit, als Erwachsener weiter zu lernen, sozusagen ein Ursache-Wirkungs-Prinzip 2.0.

Letztendlich testest du damit auch deine eigene Selbstwirksamkeit.

Jetzt kannst du da aussteigen und dir dadurch die Erfahrung neuer Möglichkeiten schenken. Baue dir selbst (Möglichkeitsräume für) Irritationen in dein Leben ein.

Wie? Gehe dahin, wo du noch nicht warst. Mache etwas, was du noch nicht getan hast, sage etwas, was du so noch nie zu jemandem gesagt hast.

Überrasche dich selbst durch Mikroirritationen. Diese kleine, positive Spannung zu bemerken, gepaart mit Neugierde,

Abbildung 64:
Verhaltensdreieck

empfehle ich dir übrigens für alle Veränderungen, die du für dich entscheidest. Das sind kleine gefühlte Geschenke, wenn du diese wahrnehmen kannst.

An dieser Stelle sage ich: »Spielstopp!«

Bist du Spieler oder Spielfigur?

Anstatt zu fragen: Wo bist du Ursache und wo nicht, kannst du dich übrigens auch fragen: Wo reagierst du auf dein Leben (auf deine Umstände) und wo kreierst du etwas (vielleicht sogar aus dem Nichts)?

Die folgenden Elemente können dir dabei helfen herauszufinden, wo du jetzt gerade stehst.

Um das zu ergründen, kannst du dir anschauen, was du tief drinnen glaubst, wo du die Ursache bist.

Auf was habe ich Einfluss? Auf was nicht? Du kannst es auch gern in das Bild schreiben.

In welchem Lebensbereich bist du dir ganz sicher, dass du die Ursache bist?

Was macht dich so sicher?

In welchem Lebensbereich bist du dir ganz sicher, dass du nicht die Ursache bist?

Wer bist du dort?

Wo wärst du gerade gern Ursache?

Was müsstest du tun, um darin die Ursache zu werden? Was braucht es dafür?

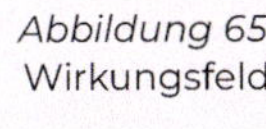

Abbildung 65: Wirkungsfeld

Gehen wir nochmal zur Schaukel(-Bewegung) und schauen uns die physikalische Ebene an. Wenn du dich auf die Schaukel setzt und nichts tust, bist du komplett im Stillstand. Wenn du Bewegung reinbringst, Eigenkraft einsetzt, kannst du dich komplett ins Schaukeln bringen. Aus dem *Nichts* in einen Zustand von bewegendem Rhythmus. Wahnsinn, oder?

An dieser Stelle sage ich: »Spielstopp!«

Du bist Schöpfer

Wann hast du das letzte Mal etwas aus dem Nichts erschaffen?
Was hat es dazu gebraucht?

Entscheidungen: Was ist richtig für mich?

Womit will ich denn meine neuen Lebensmomentstückchen füllen? Was ist denn mein wahrhaftiger Ausdruck oder das, was ich will? Wenn du eine Entscheidung triffst, gehst du bisher womöglich einen der drei folgenden Wege. Entweder fühlst du etwas und entscheidest danach oder du denkst etwas und entscheidest danach oder du fühlst etwas, versiehst es mit einem Gedanken dazu (packst es in eine Geschichte ein) und entscheidest danach. Bewusst oder unbewusst. Was ist richtig und was ist falsch für dich? Vielleicht hast du auch schon gehört: »Wenn es richtig für dich ist, dann wirst du das fühlen«, aber was heißt das denn genau? Wenn es um deine Gefühle, die du miteinbeziehen möchtest, oder um deine Entscheidungen geht, hilft das folgende Reflexionsspiel.

BIG TOOL 3

Mein klares NEIN-Gefühl

Teil 1:
Stell dir vor, wie es sich anfühlt, wenn du etwas wirklich nicht willst. Versetze dich in eine Situation, die du ganz klar ablehnst. Das kann eine Situation, ein Weltgeschehen, ein Sachverhalt oder eine Tätigkeit sein. Hol dir hier etwas, zu dem du eine eindeutige Haltung hast, ein hundertprozentiges Nein, zum Beispiel Tierversuche, Ungerechtigkeit, einen Konflikt etc.

Lass dich so gut wie möglich auf die Emotionen ein, beobachte dich selbst und beantworte dir die folgenden Fragen.

- Woran merkst du, dass es ein klares Nein ist?
- Wie fühlt sich das an?
- Was erlebst du in deinem Körper? Wie reagiert er?

Teil 2:
Damit hast du dir einen emotionalen Präzedenzfall geschaffen, auf den du immer wieder zurückkommen kannst, wenn du nicht weißt, was du willst. Um zu erleben, wie sich ein klares Nein anfühlt.

Wenn du das nächste Mal vor einer Entscheidung stehst, dann gehe nacheinander in beide Wege rein. Stell dir vor, dass du dich für den jeweiligen Weg entschieden und ihn für dich verinnerlicht hast. Beobachte deine körperliche Resonanz, die in dir entsteht.

BIG TOOL 4

Mein klares JA-Gefühl

Teil 1:
Stell dir vor, wie es sich anfühlt, wenn du etwas wirklich möchtest. Versetze dich dafür mal in etwas hinein, was du ganz klar willst. Das kann eine Situation, ein Weltgeschehen, ein Sachverhalt oder eine Tätigkeit sein. Hol dir etwas, zu dem du eine eindeutige Haltung hast, ein hundertprozentiges Ja, zum Beispiel im Meer stehen, ausgelassen und voller Freude tanzen, mitten in einer Gruppe Welpen sitzen etc.

Lass dich so gut wie möglich auf die Emotionen ein, beobachte dich selbst und beantworte dir die folgenden Fragen.

- Woran merkst du, dass es ein klares Ja ist?
- Wie fühlt sich das an?
- Was erlebst du in deinem Körper? Wie reagiert er?

Teil 2:
Damit hast du dir einen emotionalen Präzedenzfall geschaffen, auf den du immer wieder zurückkommen kannst, wenn du nicht weißt, was du willst. Um zu erleben, wie sich ein klares Ja anfühlt.

Wenn du das nächste Mal vor einer Entscheidung stehst, dann gehe nacheinander in beide Wege rein. Stell dir vor, dass du dich für den jeweiligen Weg entschieden und ihn für dich verinnerlicht hast. Beobachte deine körperliche Resonanz, die in dir entsteht.

BIS 18

Streue neue Ursachen in die Welt

Bewusstseinsintegrationsspiel 18: »Streue neue Ursachen in die Welt«

Stell dir vor, neue Ursachen zu setzen, ist wie Samen zu säen. Auf dem Feld der Ereignisse, deines Lebens. Wie ein Feld, über das du gehst und neue Samen streust.

Stell dir vor, du kannst in jeder Alltagssituation neue Ursachen-Samen streuen. Du hast in jeder Begegnung die Chance dazu. Versuche bei einer nächsten Situation, wo du den Bewusstseinsfuß reinkriegst, mal was Neues zu streuen.

Übrigens streust du sowieso die ganze Zeit Ursachen-Samen, nur eben meistens unbewusst. Was wäre, wenn du den nächsten bewusst auswählst? Daraus können vielleicht ganz wundervolle Bäume an Erfahrungen wachsen, die du dir vorher nicht einmal vorstellen konntest.

Verbinde dich hierbei mit deiner kindlichen Neugierde. Denn was dann passiert, ist eine echte Überraschung.

Zum Beispiel kannst du im nächsten Gespräch mal etwas fragen oder sagen, was du so noch nie gefragt oder gesagt hast. Je nachdem wie mutig du bist, kannst du auch mal was ganz Verrücktes wagen. Lass dich darauf ein und erwarte die Magie des Unbekannten, wenn du das Drehbuch änderst.

Abbildung 66:
Ursachen-Samen

BIS 19
Ich finde eine Lösung

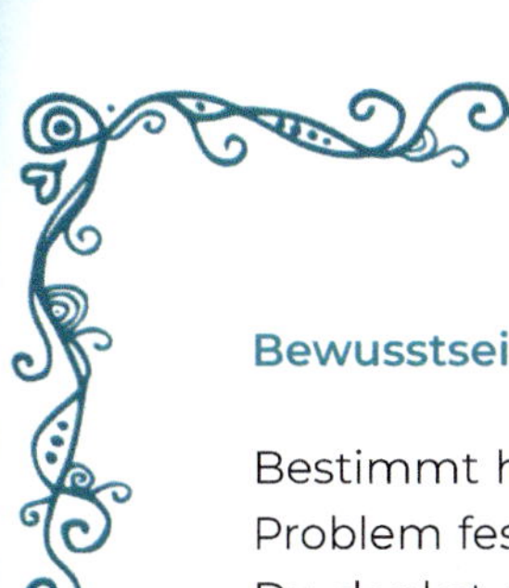

Bewusstseinsintegrationsspiel 19: »Ich finde eine Lösung«

Bestimmt hast du das schon mal erlebt: Du hängst in einem Problem fest, stehst vor einer Aufgabe und weißt nicht weiter. Du denkst und denkst, aber irgendwie fühlst du dich fast wie verknotet und findest da gerade nicht raus. Dann machst du was komplett anderes und dir fällt eine Lösung ein.

Mach am besten das Gegensätzlichste, was dir gerade einfällt. Gehe tanzen, male, singe. Denn schon Einstein sagte:

»Du kannst Probleme nicht auf der Ebene lösen, auf der sie geschaffen wurden.« Und so funktioniert das auch hier. Deshalb mache oder denke etwas, was dich in eine andere (Bewusstseins-)Ebene bringt.

Klettergerüst – Resilienz und Ressourcen

Wenn man Kinder dabei beobachtet, wie sie irgendwo hochklettern, wo sie noch nie vorher hochgeklettert sind, stellt man fest: Sie machen das ganz langsam und vorsichtig. Sie setzen, für gewöhnlich, einen Schritt nach dem anderen, positionieren ihre Hände und Füße und spüren dann erst mal nach, ob sie einen festen Halt haben. Vor jedem nächsten Schritt testen sie:

Bin ich sicher?
Kann ich weitergehen?
Habe ich genug Halt?

Diese Anleitung würde ich jedem geben, der neue Wege erklimmt, etwas Neues ausprobieren möchte und sich dadurch neue Entwicklungsfelder erschließt.

Ganz egal, ob es sich um ein berufliches Projekt oder den nächsten Schritt in deiner Persönlichkeitsentwicklung handelt. Ein Schritt nach dem anderen. Wenn die nächste Sprosse komplett mit dem eigenen, sicheren Stand ausgefüllt ist, kann es weitergehen.

Bei meiner eigenen Reise der Persönlichkeitsentfaltung ging es viel darum, mir Stück für Stück Selbstsicherheit aufzubauen. Das fühlte sich für mich an, als setzte ich mit jedem weiteren Schritt neue *Speicherpunkte*.

Übertragen lässt sich dies zum Beispiel auf den Prozess, wenn du dich von alten Mustern löst oder neue Herausforderungen meisterst. Du wächst in einen neuen Ausgangspunkt hinein.

Vielleicht hast du früher auch Computer- bzw. Nintendospiele gespielt. Hatte man eine bestimmte Aufgabe gelöst oder war an einen bestimmten Punkt gekommen, wurde das der neue Speicherort. Wenn dein Charakter gestorben ist, bist du auf diesen zurückgefallen, nicht weiter zurück. Genau so fühlt sich das dann an.

Wenn die nächste Challenge (Lebensaufgabe) kommt, die dich vielleicht aus deiner Balance wirft, spürst du, dass du auf diesen letzten Speicherpunkt zurückkehrst. Von dort startest du in das neue Entwicklungsfeld.

Auch wenn du wieder einmal ein Thema bearbeitest, womit du gefühlt schon tausend Mal konfrontierst warst, wirst du dich daran er-

Abbildung 67:
Klettergerüst

innern: Du fällst nicht mehr so weit zurück, und genau daran kannst du deine Entwicklung erkennen.

Damit kommen wir zu meinem Lieblingsthema: *Resilienzentwicklung und Ressourcen.* Ich liebe es. Und das nicht nur, weil ich systemisch auf die Welt schaue, sondern weil ich selbst erlebt habe, dass das Wissen über Resilienzfähigkeit, darüber, wie diese entsteht und konkret die Entdeckung der eigenen Ressourcensammlung, so machtvoll sind.

Wissenspopcorn

Resilienz

»Resilienz kann als ein dynamischer Prozess verstanden werden, der es einem Individuum ermöglicht, auf positive Weise auf Stressoren, Traumata und Herausforderungen zu reagieren, um psychologische, emotionale und soziale Wohlbefinden zu erhalten oder wiederherzustellen« (Rutter, 2012).

»Resilienz ist das Immunsystem unserer Psyche oder unserer Seele, welches uns beim Umgang mit Stress, Belastungen und Krisen unterstützt« (Amann, 2014).

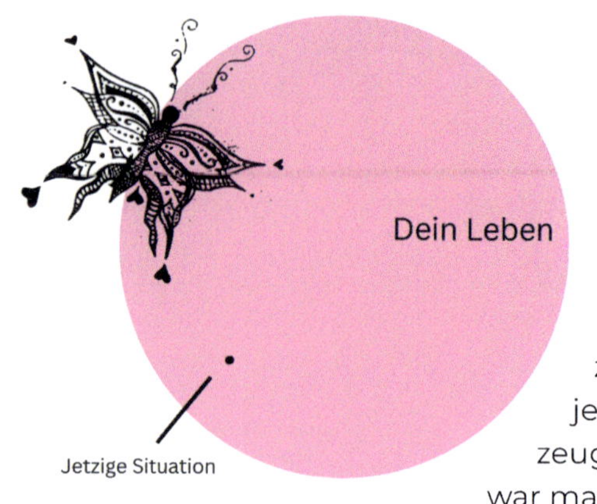

Abbildung 68:
Moment

Vielleicht gehörst du auch zu den Personen und/oder du kennst Personen, die schon sehr viele Krisen in ihrem Leben durchlebt und bewältigt haben. Ich selbst zähle mich auf jeden Fall dazu, und wo ich jetzt bin, ist geprägt von folgender Überzeugung: Jede einzelne Phase von Schmerz war maßgeschneidert für mich.

Steckt man jedoch in so einer Phase drin, dann sieht man das unter Umständen nicht so (erinnerst du dich an den Tunnelblick der Problemtrance?), was für diesen Abschnitt in deinem Leben auch absolut richtig ist. Doch dein Blick wird sich weiten. Deine Wahrnehmung wird sich verändern und damit auch deine Einordfähigkeit für das, was jetzt ist.

Baby, this pain was meant for you

Ich habe schon häufig erlebt, dass Eltern sich Sorgen machen, weil sie sich das (absolut nachvollziehbare) Ziel zu eigen machen, ihr Kind vor Schmerz zu bewahren. Dass sie am liebsten alles abschirmen wollen, was unangenehm sein könnte.

In diesem Kontext frage ich diese Eltern gern, was sie sich für ihr Kind wünschen. Welche Eigenschaften sie ihnen gerne mitgeben möchten, für ihr Erwachsenen-Ich.

Häufig kommt dann sowas wie: Ich möchte, dass mein Kind (Selbst-)Vertrauen hat, dass es einen liebvollen Umgang pflegt und dass es Herausforderungen meistern kann (resilient ist). Und genau hier lohnt es sich, reinzuzoomen und zu fragen: Was braucht es, um Resilienz zu lernen?

Kleines Gedankenexperiment: Angenommen, es würde funktionieren, dass diese Eltern jegliche unangenehmen Erfahrungen von ihrem Kind abwehren würden. Wie geht es als Erwachsener in die Welt? Das kannst du auch auf dich als erwachsenes Wesen übertragen. Du darfst dich selbst auch mal fragen: Was braucht es, um Resilienz zu entwickeln?

Brené Brown (2020) packt es so wunderschön in ihr »The Wholehearted Parenting Manifesto«, wo sie für ihre Kinder schreibt:

»When uncertainty and scarcity visit, you will be able to draw from the spirit that is a part of our everyday life. Together we will cry and face fear and grief.
I will want to take away your pain, but instead, I will sit with you and teach you how to feel it.«

»Wenn die Ungewissheit und der Mangel an die Tür klopfen, wirst du imstande sein, Kraft zu schöpfen aus dem Geist, der in unserem Familien-Alltag herrscht. Gemeinsam werden wir weinen, mit Angst und Leid konfrontiert werden.
Auch wenn ich den Wunsch habe, dir deinen Schmerz zu nehmen, werde ich stattdessen lieber bei dir sitzen und dich lehren, ihn zu durchleben«
(Übersetzung: Jana Pfeffer).

Und genauso kannst du auch als Erwachsener lernen, mit dir selbst umzugehen, wenn Schmerz, Sorgen und Zweifel an deine Tür klopfen.

Du kannst dir selbst beibringen, mit all dem, was das Leben dir gibt, zu sein. Mit Frust, Ängsten und Scham zu sitzen, zu gehen, zu tanzen, dich selbst zu begleiten oder dich begleiten zu lassen.

Abbildung 69:
Alles Möglich

Posttraumatisches Wachstum

Im Rahmen meines Studiums habe ich mich mit Resilienzforschung beschäftigt. Dadurch habe ich die folgende, für mich zutiefst heilsame Erkenntnis gelernt, meine Erlebnisse, durchflutet von einem ressourcenorientierten Licht, einzuordnen.

Irgendwie habe ich das vorher schon immer gefühlt und manchmal auch versucht zu erklären, aber es fehlten mir die Worte dafür. Dann hat es mir das Zitat von Horx greifbar gemacht.

Zu Beginn dachte ich, dass sich Resilienz trotz schwerer Schicksalsschläge und Herausforderungen entwickelt. Doch dann lernte ich: Resilienz entwickelt sich nicht *trotz*, sondern *durch* Herausforderungen. Ich war begeistert. In diesem Zusammenhang liebe ich den Begriff »posttraumatisches Wachstum« von Horx (2017). Er beschreibt Resilienz als Kompensationsmechanismus, den die Evolution uns zur Verfügung gestellt hat. Nach traumatischen Erfahrungen »laufe das psychologische Immunsystem zu großer Form auf«. Horx (2017, S. 44) betont, dass Entwicklung nicht möglich sei, wenn alles harmonisch ablaufe.

Im Vergleich zu Erwachsenen mit »schöner« Kindheit, können Erwachsene aus traumatischen Erlebnissen einen Vorteil ziehen, da man durch Stressoren, die aktiviert werden, Kraft gewinne. Zu diesem posttraumatischen Wachstum gehöre ein grundlegendes Verstehen sowie ein bewusster Umgang mit den eigenen Emotionen.

Die Studienergebnisse von Bonanno (zit. nach Gielas, 2014) ergaben, dass sechzig bis achtzig Prozent der Menschen, die eine tiefgreifende Krise erfuhren, langfristig zufriedener und stärker seien. Er geht davon aus, dass dieses posttraumatische Wachstum nicht nur eine nützliche Ausnahme sei, sondern die Regel.

Der Psychoanalytiker Adam Phillips (zit. nach Gielas, 2014) ist der Auffassung, dass Krisenerfahrungen Klarheit bringen können, da der Mensch sich im Kontext von Erfahrungen von Widerstand oder Defiziten am besten orientieren könne. Bei der letzten Aussage von Philips erinnere ich mich an den typischen Ausspruch, den du bestimmt auch schon mal gesagt hast, wenn du Strategien oder Verhaltensweisen deiner Eltern reflektierst: »Das möchte ich auf keinen Fall so machen wie sie!« Kennen wir das nicht alle? So hast du ein Feld der Orientierung geschenkt bekommen, um zu erkennen, was du genauso und was du auf jeden Fall anders machen möchtest, während du durch dein Leben tanzt.

Kennst du die Geschichte der kleinen Raupe Nimmersatt (Carle, 1969)? Eine Raupe frisst sich Tag für Tag durch verschiedene Obst- und Gemüsesorten. Bis sie richtig dick, gefüllt und schwer ist. Dann zieht sie sich in ihren Kokon zurück, transformiert sich selbst und wird ein wunderschöner Schmetterling.

Was, wenn deine Resilienzentwicklung genau so abläuft? Vielleicht auch immer wieder? Du isst dich durch ganz verschiedene Sachen hindurch. Durch deine maßgeschneiderten Lernaufgaben. Isst dich an diesen richtig voll und satt, und dann folgt die Transformation.

Übrigens, Raupen, die sich verpuppen, müssen sich im nächsten Schritt komplett aus eigener Kraft (Selbstwirksamkeit) aus ihrem Kokon befreien, was sehr mühsam sein kann.

Wisst ihr, was in einem Experiment passiert ist, in dem man den Raupen »helfen« wollte, indem man ihnen kleine Schlitze in den Kokon schnitt, damit sie sich nicht allein durchkämpfen müssen? Diese Raupen sind gestorben (vgl. Seiler, 2019).

Was, wenn dein Schmerz, deine Erfahrung und das Hindurchgehen durch diese krassen Situationen deines Lebens maßgeschneidert für dich sind, und du diese brauchst, um anschließend, wie im Falle der Schmetterlinge, fliegen zu können?

Wenn du dein Leben betrachtest, denk mal an eine Situation zurück, die du gemeistert hast, wo du erst keine Ahnung hattest, wie du da rauskommen sollst. Du bist durchgekommen und danach ging es dir richtig gut, möglicherweise warst du freier, zufriedener als vorher. Fällt dir so eine Situation ein?

War dein Schmerz auch maßgeschneidert für dich?

Regenbogen-Ressourcenfische

Zur Resilienzentwicklung gehört für mich als zentraler Aspekt ganz klar das Feld der Ressourcen.

Wissenspopcorn

Ressourcen

Als Ressourcen kannst du dein individuelles positives Potenzial definieren.
Dieses Potenzial sind deine dir zur Verfügung stehenden schützenden und fördernden Kompetenzen und Handlungsmöglichkeiten. Insbesondere all jene, die du in alltäglichen Herausforderungen aktivieren kannst (Petermann u. Brähler, 2019; Fthenakis, 2008).

Ich bin in einem richtigen Patchwork-System aufgewachsen.

Aus systemischer Sicht ist das ein sehr großes und komplexes System, mit vielen Subsystemen und Elementen. Als ich es selbst erlebt habe, in meiner Kindheit und Jugend, fand ich das belastend und verunsichernd. Über diese Herausforderungen und meinen Umgang damit habe ich ein ganzes Buch »Einmal Sicherheit to go, bitte« geschrieben (Pfeffer, 2023).

Irgendwann habe ich darin eine ganz andere Geschichte entdeckt. Ich weiß jetzt: Jede einzelne dieser Erfahrungen, und was sie in mir ausgelöst haben, war maßgeschneidert für mich. Für die Frau, die ich jetzt bin.

Zu meiner eigenen Reise, mit Beginn bei meinem individuellen Startpaket hin zu dieser resilienten Haltung, gehörte viel Selbstreflexion und Entwicklung alter (Ge-)Schichten. Bis heute. Dazu möchte ich dir ein Beispiel geben.

Konkret habe ich über meine Großeltern und die dazugekommenen Personen, als Partner meiner biologischen Großeltern plus die Eltern der neuen Partner meiner Eltern, nachgedacht, im Kontext der Frage: Wer waren meine Bezugspersonen in meiner Kindheit, zu welcher Oma hatte ich eine enge Beziehung?

Als ich mich selbst reflektierte, überkam mich plötzlich eine Erkenntnis, die sich großartig anfühlt, wie es das immer tut, wenn man einen

Abbildung 70: Fische

sehr großen Regenbogenfisch (Ressourcenfisch) aus der eigenen Biografiegeschichte an Land zieht: Ich hatte sechs Omas! Ich hatte nicht zu allen ein sehr enges Verhältnis, aber mir kamen Erinnerungen hoch von Wertschätzung und Liebe, die sie mir, in der ein oder anderen Form, mit auf meinen Weg gaben.

Sechs Omas, die in unterschiedlichen Etappen meines Lebens Einfluss auf mich hatten. Ein Hoch auf mein individuelles Patchwork-Startsystem!

Wissenspopcorn

Reframing

Im Kontext der Resilienzentwicklung betonen Thun-Hohenstein, Lampert und Altendorfer-Kling (2020) die verlässliche Beziehung zum Therapeuten, die »die Bereitschaft zum Handeln, die Fähigkeit zu reflektieren […] und die Fähigkeit zur Neubewertung und positiven Umdeutung einer Situation« ermöglicht. Als Reframing definieren Schwing und Fryszer (2016) die neue Deutung für das Erlebte, um dadurch neue Möglichkeiten zu erschaffen, um somit seine eigene Entwicklung aktiv mitzubeeinflussen.

Was habe ich hier gemacht? Ich habe in meiner Geschichte Vorteile gefunden. Ich habe mir angeschaut, welche Geschichte ich mir erzähle und eine gefunden, die sehr schön ist.

Ich habe die Angel in das Ressourcenwasser meines Biografieteiches geworfen und Vorteile, und damit nebenbei auch Teile für meine Dankbarkeitssammlung, herausgefischt.

So ist das nämlich mit den Angeln, die wir beim Blick auf die Vergangenheit auswerfen. Wir können entscheiden, welche Fische wir rausziehen wollen. Was ist, wenn du dich für wunderbare Ressourcen-Regenbogenfische entscheidest, die dir ein richtig kraftvolles Gefühl geben? Auch die Ansicht ist nährend und unterstützend und zahlt damit auf dein Resilienzkonto ein.

An dieser Stelle sage ich: »Spielstopp!«

Deine Ressourcen

Was ist das Schönste daran, du zu sein? Was gibt dir Halt?
Was kriegen Menschen, wenn sie mit dir zusammen sind?
Welche Person hat dir, in deiner Kindheit, am meisten das Gefühl gegeben, dass du wertvoll bist?
Welche Person gibt dir momentan am meisten das Gefühl, dass du wertvoll bist?
Was ist die Eigenschaft, die du richtig gut kannst, weil du sie richtig gut gelernt hast?
Was ist die Eigenschaft, die du richtig gut kannst, aber nie »offiziell« gelernt hast?
Stell dir vor, dein Leben ist wie deine ganz persönliche Lebensuniversität. Angenommen, du würdest deine individuellen Lebensaufgaben in Seminare packen, die du hier auf der Welt belegt hast.
Welche wären das? Worin bist du aufgrund deiner Erfahrungen jetzt Experte?

Abbildung 71: Reframing

Dein persönliches Energiemanagement

Ständig und überall sind wir auf der Suche nach der nächsten Steckdose. Wir werden nervös, schalten den Flugmodus ein und aus und kalkulieren, wie wir am besten welche App benutzen, um die kostbare Energie unseres Smartphones so lange es geht zu erhalten, wenn wir in dieser Schrecksekunde auf der dreistündigen Zugfahrt bemerken, dass wir das Aufladekabel zu Hause vergessen haben. Wir kriegen Schweißausbrüche, wenn unser Notebook nur noch 23 Prozent Akkuladung anzeigt, wir aber ohne Netzteil in der Bibliothek bei der Gruppenarbeit sitzen. Und wo haben wir jetzt nochmal das Netzteil für uns liegengelassen? Wenn ich gute Filme sehe oder spannende Bücher lese, dann bemerke ich das an einer bestimmten Sache: Ich muss den Stoff innerlich verarbeiten. Das kann sich manchmal hinziehen. Es kann mir passieren, dass ich Tage nach diesem Input innerlich immer noch am Verarbeiten bin.

Kommt dir davon was bekannt vor?

BIG TOOL 5

Mein persönliches Energiemanagement

Stell dir vor, du hast deinen eigenen Akku. In dir, für deine Energie. Jeder Akt, jede Begegnung, jeder Gedanke kann diesen Akku mit Energie füllen oder Energie ziehen.

Im Folgenden kannst du dir mal anschauen, wie es mit deinem persönlichen Energiehaushalt aussieht.

Alles, was mir Energie zieht.

Halte für dich fest:

Alles, was mir Energie gibt.

Begegnungen (Personen),
die mir Energie geben.

Dinge und Aktivitäten,
die mir Energie geben.

Babyschritte in deine Sicherheit

Wenn du ein Klettergerüst hochkletterst, oder eine Lebensaufgabe, dir also Schritt für Schritt etwas erarbeitest, und zwischendurch innehältst, schaffst du dir neue Speicherpunkte, um weiterzugehen. Von dort hat man einen ganz anderen Blick. Eigentlich kann sich schon mit jedem weiteren Schritt deine Perspektive verändern.

Wenn du ein Klettergerüst erklimmst und oben ankommst (meistens sind das ja Burgen oder Schlösser), dann hast du aus deinem Turm heraus einen weiten Blick. Ebenso erweitert sich dein Blick, je mehr (schwierige) Erfahrungen du gemeistert hast. Du kletterst auf diese hinauf und siehst etwas mehr. Diese ganzen Zwischenstopps an Aussichten und was sie dir schenken, kann dir keiner mehr nehmen. Und genau in dieser Essenz liegen deine Ressourcen. Klettere hoch, Schritt für Schritt, und mache dich zu deiner Ressourcen-Königin oder deinem Ressourcen-König in deinem eigenen Königreich. Von dort oben siehst du mit einem Blick, den nur du selbst haben kannst. Denn niemand sonst auf der Welt hat die Dinge so gesehen, wie du sie gesehen hast. Niemand sonst auf der Welt hat die Dinge so gefühlt, wie du sie gefühlt hast. Niemand sonst auf der Welt hat die Dinge so gedacht, wie du sie gedacht hast. Niemand sonst hat deinen individuellen Blick auf die Welt, aus deinem ganz persönlichen, maßgeschneiderten Mix an Erfahrungen.

Abbildung 72: Kleine Schritte

BIG TOOL 6

Kartendeck meiner Eltern

Wir haben alle Eigenschaften von unseren Eltern mitbekommen. Bestimmt fallen dir welche ein, über die du mega happy bist und welche, die du gerne direkt zurückgeben würdest.

Schritt 1: Die sammelst du jetzt mal. Frei und ohne Wertung, als deine individuelle Bestandsaufnahme.

Schritt 2: Stell dir die mitgegebenen Eigenschaften deiner Eltern als Kartendeck vor. Schreib sie auf die Karten, die du im Downloadmaterial findest (vgl. Kartendeck Mutter, Kartendeck Vater).

Egal, ob du diese Eigenschaften nun gut oder schlecht findest. Erstelle ein Kartendeck für die mitgenommenen Eigenschaften deiner Mutter und deines Vaters. Das Kartendeck kannst du beliebig erweitern, du kannst es so groß machen, wie du magst.

BIS 20

Schreib deine Story um

Bewusstseinsintegrationsspiel 20: »Schreib deine Story um«

Nimm dir mal eine Erfahrung aus deinem Leben, die für dich sehr prägend war. Gerne eine, wo du überzeugt bist, dass dir die nicht hätte passieren sollen, weil du negative Folgen oder Gefühle damit verbindest.

Nun beschreibe diese, als sei sie das Beste, was dir je passiert ist. Beantworte dir selbst folgende Fragen:

- Was ist dadurch jetzt für dich möglich?
- Welches Wissen hast du nun, durch dieses Erlebnis?
- Was wäre ohne dieses Erlebnis anschließend nicht passiert?

Dieses Spiel hast du nun einmal im Großformat geübt. Du kannst auch immer wieder im Kleinen mit diesem spielen. Zum Beispiel in der nächsten Alltagssituation, die dich nervt oder wo du dich fragst: *Warum bitte* muss mir das jetzt passieren?

BIS 21

Vorteile des Problems

Bewusstseinsintegrationsspiel 21: »Vorteile des Problems«

Schritt 1: Scanne mal deinen Alltag. Schnapp dir mal eine Situation, die dich darin gerade herausfordert. Irgendein Thema, ein Problem.

Schritt 2: Schreibe es in die Mitte der Illustration auf der nächsten Seite in den Kreis.

Schritt 3: Das schaust du dir jetzt mal an.

Vor allem die Geschichte, die du dir zu diesem erzählst. Wir nehmen das Problem jetzt mal als Rohmaterial. Stell dir vor, wir setzen es vor dich hin. Schreib es mal in den mittleren Kreis im kommenden Bild.

Nun stell dir vor, du bekommst einen Stapel Post-its in die Hand gedrückt und die Anweisung für das folgende Spiel: Sammle alle Vorteile des Problems und schreibe sie auf.

Dabei können die folgenden Fragen-Impulse helfen:

- Was ist durch das Problem möglich? Welchen Vorteil hat dieses Problem?
- Was weiß ich durch dieses Problem, was ich sonst nicht wüsste? Auf wen oder was hat das Problem den besten Einfluss?
- Wenn ich dem Problem danken würde, dann weil es …

Vorteile des »Problems«

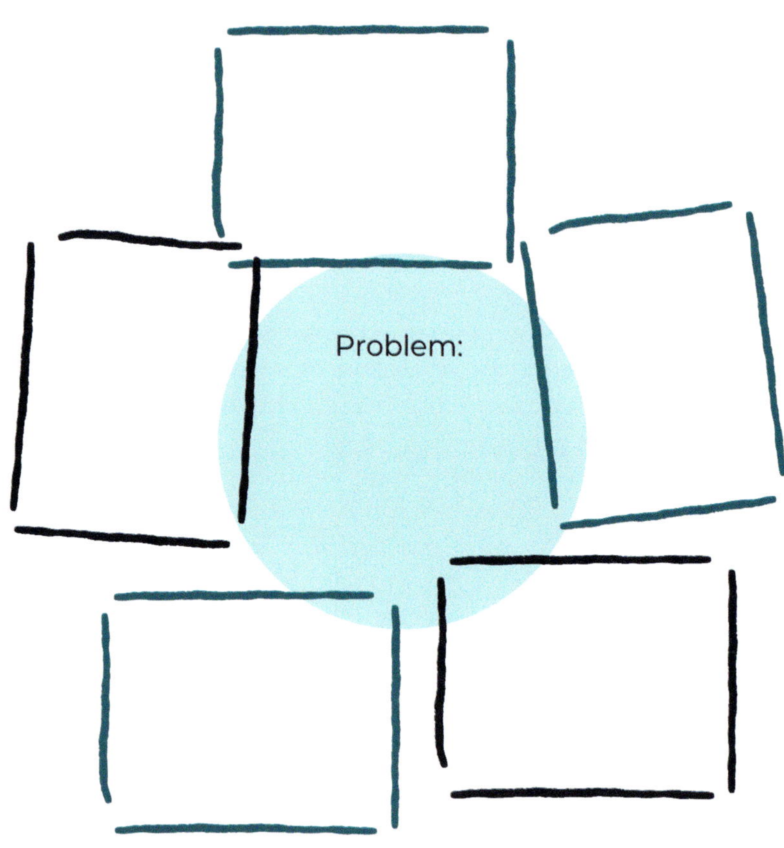

Kreativität als Ressource

Wenn es eins gibt, was meine eigene Resilienzfähigkeit ausmacht und ich immer wieder als roten Faden bei anderen entdecke, dann ist es Kreativität.

Damit meine ich nicht das Flow-Gefühl, wenn man im herkömmlichen Sinne kreativ ist, sich hinsetzt und ein Bild malt oder etwas bastelt. Ich meine das größere Ganze.

Damit meine ich die Kreativität im Finden von Lösungen, die Kreativität im Reagieren auf das, was das Leben dir gibt. Dazu gehört die Kreativität, mögliche Lösungen und Antworten auf das Leben zu finden.

»*Man muss* noch Chaos in sich haben, um einen tanzenden Stern zu gebären« (aus »Also sprach Zarathustra«; Nietzsche, 1969, S. 558).

Im ersten Tunnelblick-Moment kann ein Chaos-Zustand, zum Beispiel durch eine Lebenskrise, eine große Irritation auslösen. Vor allem durch das Gefühl der fehlenden Sicherheit, wenn Altbekanntes vielleicht nicht mehr greift oder wegbricht. In Bezug auf das, was man bisher zu wissen glaubte. Fehlende Sicherheit bedeutet jedoch, dass es Raum für Kreativität gibt und etwas anderes. Etwas Neues. Ein leerer, noch nicht ausgefüllter Raum, der zum Nachdenken anregt, als Inspirationsquelle dient, um neue Sichtweisen zu entwickeln.

Als kleines Beispiel: Das Leben bringt dir eine Herausforderung mit, mit der du nicht gerechnet hast. Dann überlegst du: Was wäre die kreativste (vielleicht auch verrückteste) Art, damit umzugehen? Je kreativer du denkst, desto mehr Umgangsmöglichkeiten kannst du für dich finden. Durch die Förderung unserer kreativen Fähigkeiten erweitern wir unseren eigenen Lösungsraum. Wir werden flexibler im Umgang mit Hindernissen.

Dies stärkt unsere Resilienz, da wir uns auf unerwartete Umstände auf unterschiedliche Weise einstellen können und alternative Handlungsweisen finden.

Wissenspopcorn

Kreatives Denken

Kreatives Denken beschreibt die Fähigkeit, neue Ideen und Lösungen zu finden, die sich von den üblichen Vorgehensweisen unterscheiden. Es trägt auch dazu bei, bestehende Konzepte infrage zu stellen und alternative Perspektiven und Ansätze zu finden, um neue Möglichkeiten zu erkennen und Innovationen hervorzubringen. Kreativität und Innovation sind miteinander verbunden. Je kreativer ein Mensch ist, desto wahrscheinlicher ist er in der Lage, sich an neue Situationen anzupassen und unkonventionelle Wege einzuschlagen (vgl. Mauritz, 2018).

Kreativität verbinde ich mit (Selbst-)Verantwortung. Im Wort »Verantwortung« steckt das Wort »Antwort«. Ich verstehe darunter die Qualität, auf das Leben zu antworten. Auf das, was dir das Leben gibt. Je weiter du denkst, je mehr Ecken du umdenkst, desto kreativer sind deine Ideen und damit deine Antwortmöglichkeiten auf dein Leben. Frag dich mal: Wenn du durch dein Leben gehst, was waren bisher Reaktionen auf Herausforderungen oder Aufgaben, die du als sehr kreativ von dir bezeichnen würdest?

BIS 22

Und der Preis für die kreativste Idee geht an …

Bewusstseinsintegrationsspiel 22: »Und der Preis für die kreativste Idee geht an …«

Schau mal, es gibt immer wieder Wettbewerbe, wo die innovativsten Ideen (Lösungsansätze) einen Preis erhalten, beispielsweise im Bereich erneuerbarer Energien. Stell dir mal vor, du veranstaltest so ein Event für dich und eine Herausforderung in deinem Leben. Du lädst alle Ideen dazu ein. Vielleicht gibt es gerade eine Aufgabe in deinem Leben, im Privaten oder Beruflichen, vor der du stehst. Such dir eine aus. Schreib alle Ideen auf, wie du mit dieser umgehen könntest. Lass mal außer Acht, welche du davon am Ende umsetzen wirst. Spinn von mir aus rum, sei so kreativ wie möglich. Was sind die kreativsten Ideen, um mit dieser Situation umzugehen?

Nestschaukel – Veränderungen leben und Gegenwind

Bevor sich deine persönlichen Veränderungen so in dein Leben integriert haben, dass sie keine mehr sind, sondern das neue Normal, kann es sehr gut sein, dass du über konkrete Herausforderungen stolperst, eben ausgelöst durch diesen Wandel. Dieses Kapitel dient als kleiner, mentaler Rückzugsort, eben wenn dir diese Herausforderungen oder Stolpersteine begegnen. Damit du diese nicht als Stopp-Zeichen einordnest und eine Kehrtwende machst, wenn du gerade dabei bist, etwas Neues zu leben, sondern, im besten Falle, sie als Zeichen ansehen kannst, dass du genau auf dem für dich richtigen Weg bist, und du dich auf dem Weg in dein neues Normal nicht aufhalten lässt.

Wenn du beginnst, Veränderungen zu leben

Bevor sich deine persönlichen Veränderungen so in dein Leben integriert haben, dass sie keine mehr sind, sondern das neue Normal, kann es sehr gut sein, dass du über konkrete Herausforderungen stolperst, eben ausgelöst durch diesen Wandel.

In jedem (Kinder-)Buch mit einer spannenden Geschichte wird der Hauptcharakter kurz vor einem Durchbruch in eine neue Welt oder einen neuen Entwicklungsschritt auf die Probe gestellt und, für gewöhnlich, mit einer großen Aufgabe konfrontiert (vgl. »Heldenreise«; Mauritzer, 2023).

Wenn du neue Anleitungen für dein Verhalten integrierst und nach diesen lebst, wirst du vertraute, manchmal vielleicht über Jahrzehnte eingespielte, gewohnte Felder damit verlassen, und das kann dich manchmal in Situationen bringen, die sich so ähnlich wie die Heldenreise anfühlen.

Das kann natürlich sehr schwierig sein, vor allem am Anfang, wenn du noch nicht weißt, wohin dich diese Situationen führen werden. Dein Kopf hat noch nicht genug Bestätigung dafür gesammelt, dass die neuen Wege sicher sind und dich wirklich aufleben lassen, wie du es vorher noch nicht kanntest.

Und eben durch den Aspekt, dass du nicht weißt, inwieweit deine Mitmenschen auf Veränderungen deinerseits reagieren, braucht es hier etwas, an dem du dich festhalten kannst, um in deiner Balance zu bleiben oder wieder hineinzufinden, wenn du rausfällst.

Abbildung 73:
Nestschaukel

An der Stelle kannst du es dir so richtig schön in der Nestschaukel bequem machen. Dich einkuscheln, lass sie genau in dem Grad schaukeln, wie es für eine angenehme Entspannung sorgt und ich erzähle dir ein bisschen was für deinen Kopf und dein Herz. Mit dem Ziel, herausfordernde Situationen aufzuweichen. Etwas, an dem du dich festhalten kannst, um alte Muster, also alte Lebensmomentstückchen, nicht wieder neu zu basteln und dich trotz Gegenwind für neue zu entscheiden.

In diese Ideen- und Gedankenimpulse kannst du dich einhüllen wie in eine kuschelige, warme Decke, während du den nächsten Schritt gehen kannst.

Gegenwind von außen

Durch dein Paket an Gedanken, Gefühlen und Verhalten, das du bisher mitgebracht und ausgelebt hast, bist du Teil eines Systems.

Wenn du darin nun etwas änderst, wird sich dein Umfeld verändern, und wie dieses Ergebnis aussieht, kannst du nicht vorhersagen.

Es kann durchaus sein, dass du auf Reaktionen triffst, die dich herausfordern. Es ist möglich, dass Mitmenschen dich nicht verstehen. Es ist möglich, dass Mitmenschen nicht mögen, was du tust. Es ist möglich, dass du Kritik und Zweifel der anderen als Reaktion gewinnst.

Systemiker benutzen gerne ein Mobile als Sinnbild für ein System, in dem eine Veränderung stattfindet. Das Mobile besteht aus verschiedenen, einzelnen Elementen, die miteinander verbunden sind. Stößt man nun eines davon an, kommt nicht nur dieses in Bewegung, sondern das gesamte Mobile. So lange, bis es wieder zur Ruhe gekommen ist, in den Normalzustand.

So kannst du Veränderungen, die von dir ausgehen, auch betrachten.

Es darf dann erst mal unruhig werden. Das braucht es sogar, bis alle Elemente wieder an seinem Platz sind und sich beruhigen. Da hilft es, daran zu denken: Jedes eigene System der einzelnen Elemente (Personen) ist irritiert und jeder Einzelne will nichts anderes als Sicherheit haben. Wenn etwas Neues passiert, kann das zunächst verunsichern.

Betrachten wir deine Mitmenschen, von denen Gegenwehr oder Zweifel kommen, dann ist das aus deren Augen betrachtet total verständlich, dass sie so reagieren. Es macht sie unsicher, wenn sich etwas verändert, was vorher so nicht war. Zum einen haben sie vielleicht Angst, dich zu verlieren, oder dass sich etwas an der Beziehung ändert. Zum anderen reagieren sie vielleicht mit Kritik, weil sie schlicht und ergreifend ihren eigenen Weg begründen wollen. Der Weg, den sie gehen, muss ja weiterhin Sinn für sie ergeben, damit sie ihn gehen können.

Egal wie es kommt: Deine Veränderung darf erst mal bei den anderen landen. Lass ihnen ihre Reaktionen, Gedanken und Gefühle darauf, so gut es eben geht.

Verständnis ist also ein Schlüssel, damit wir verstehen, warum eine Person so auf dich reagiert. Lege, wann immer möglich, den Fokus auf Verständnis und Empathie. Der Fokus auf dieses Verständnis leitet auch von möglichen Gedanken weg, es auf dich zu beziehen oder dich selbst zu verunsichern.

Gegenwind von innen

Manchmal ist es gar nicht die Stimme im Außen. Oft (sogar meistens) ist es die eigene Stimme, die warnt, wenn du im Begriff bist, etwas Bekanntes zu verändern.

Die Stimme deiner inneren Begrenzung wird laut aufschreien, wenn du kurz davor bist, diese zu übertreten. Sie wird dir sagen, dass das neue Feld nicht sicher ist, weil es unbekannt ist. Sie wird dich mit Ideen und Bildern, was alles schief gehen könnte, überfluten.

Vor allem wird sie dir vor Augen führen, was alles passieren *könnte* und dies mit Beweisen aus alten Geschichten ausschmücken.

Doch diese Stimme entsteht eben auch aus der Quelle einer Begrenzung. Sie weiß nicht, was alles noch möglich für dich ist.

Wenn das passiert, dann musst du deinen Kopf gar nicht radikal in die Schranken weisen. Du kannst ihn sanft stehen lassen, seinen Inhalt sehen, als das, was er gerade ist: eine Verbindung zum Alten. Zu all dem, was er vielleicht gehört hat. Dann kannst du ihm vielleicht Erkenntnisse aus diesem Kapitel entgegenbringen, als neue Impulse für neue Gedankenquellen.

Egal, ob es nun deine eigene Stimme ist, dein Kopf, der mitsprechen möchte oder tatsächliche Reaktionen deiner Mitmenschen: Wenn du dich bewusster wahrnimmst und damit neue Möglichkeiten einlädst, wird das Einfluss auf dein Leben und dein Umfeld haben.

Das darf sich alles erst mal komisch anfühlen. Aber es ist normal. Es dürfen Ängste aufkommen. Das ist normal.

Dein Kopf wird dich schnell zurückschicken wollen, auch das ist normal.

Menschen werden dich vielleicht nicht verstehen oder dir etwas ausreden wollen. Auch das ist normal.

Und dann nimmst du deine Angst in die eine Hand und deinen Mut in die andere und gehst den nächsten Schritt.

Es ist nicht immer so, dass du dich total wohl und sicher fühlst und du dann etwas Neues machst. Manchmal ist es auch so, dass du erst ein neues Feld betrittst und um dieses herum dann deine neue Komfortzone (dich im Neuen sicher fühlen) baust. Stück für Stück.

Am besten nimmst du hier auch deine Neugierde mit. Verlagerst vielleicht sogar den Fokus auf diese, durch die Fragen: »Hey, ist es nicht total spannend, was jetzt passiert, wenn ich trotzdem weitergehe? Will ich das nicht herausfinden?«

Mach die kindliche Neugierde vielleicht ein bisschen größer als deine Bedenken, indem du ihr eben ein bisschen mehr Aufmerksamkeit schenkst.

Abbildung 74:
Neue Komfortzone

An dieser Stelle frage ich dich:

Dein Sicherheitsgefühl

- Wenn du entspannt bist, woran merkst du das?
- Wie fühlt sich das an?
- Wenn du dich sicher und geborgen fühlst, woran merkst du das? Wie fühlt sich das an?
- Was musst du tun, um komplett entspannt zu sein?
- Wann und wo fühlst du Sicherheit?
- An welchem Ort fühlst du dich am sichersten und geborgensten?
- Wie fühlt sich Sicherheit an?
- Versetze dich mal hinein, wie du dich anfühlst, wenn du dich ganz sicher fühlst, wie würdest du das Gefühl einem Kind erklären?

Deine Spielregeln

Hast du auf Spielplätzen schon mal diese Schilder gesehen, auf denen Regeln festgehalten sind wie: »nur von 10 bis 20 Uhr nutzen«, »nur unter 14 Jahren …«?

Stell dir vor, du stellst so ein Schild in dein Leben, mitten rein. Ziel dieser Regeln ist festzuhalten, was sein muss, damit du dich ultimativ sicher fühlst. So sicher es geht.

Was würde auf dem Schild für deinen Lebensspielplatz stehen?

Die folgenden Fragen helfen dir dabei, diese Regeln zu basteln.

Was brauchst du, um dich sicher zu fühlen?
Was brauchst du von anderen, um dich sicher zu fühlen?
Was tust du aktiv, um dich sicher zu fühlen?

Lass uns das noch ein bisschen konkreter machen. Stell dir vor, du schreibst eine maßgeschneiderte Anleitung für dich selbst, um dich sicher und wohlzufühlen.

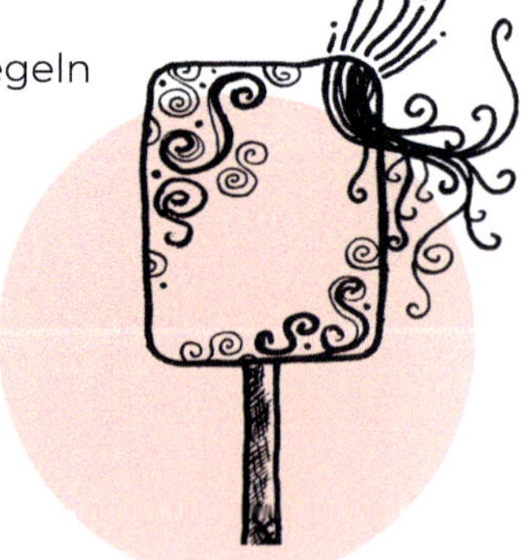

Abbildung 75: Schild

BIG TOOL 7

Spielregeln für mich: Mein Umgang mit mir

Was würde in deinen Spielregeln drinstehen? Schreibe sie dir auf. Erstelle dir eine: »Anleitung für mich selbst, für meinen Wohlfühl-Zustand« (s. Downloadmaterial).

»Anleitung für mich selbst, für meinen Wohlfühl-Zustand«

BIG TOOL 8

Spielregeln für andere: Umgang mit mir

Stell dir nun vor, du schreibst eine Anleitung für deine Mitmenschen. Dafür, wie sie mit dir umgehen sollten, damit du dich bei ihnen wohlfühlst. Was würde darinstehen?
Fülle die »Anleitung für meine Mitmenschen, für meinen Wohlfühl-Zustand« (s. Downloadmaterial) aus.

»Anleitung für meine Mitmenschen, für meinen Wohlfühl-Zustand«

- Welchen Menschen solltest du aus dem Weg gehen, wenn du dich wohlfühlen willst?
- Mit welchen Menschen solltest du dich häufiger umgeben, wenn du dich wohlfühlen willst?
- Welche Menschen kennen deine Anleitung bisher nicht und würden diese vielleicht befolgen?

Triggerlandeflächen und Mikroheilung

Vielleicht hast du Folgendes schon mal erlebt. Manchmal entschuldigt sich jemand bei dir für etwas, für ein Verhalten, das jemand anderes ausgeführt hat, und ich denke: Huch, ach so, das habe ich gar nicht gemerkt. Weil es eben nichts ist, was in meiner eigenen Realität von negativer Bedeutung ist. Genau in solchen Situationen bemerke ich die unterschiedlichen Realitäten, aus unterschiedlichen Bedeutungsprogrammen heraus.

Manchmal übertragen wir unsere Triggerlandeflächen auf andere und glauben, der andere hat die gleichen Triggerflächen wie wir. Doch auch hier sind wir so wunderbar individuell. Wie unsere ganz eigene Geschichte.

Wenn du dir anschaust, was dich verletzt, egal ob es kleine Mikroverletzungen im Alltag oder große Verletzungen sind, zum Beispiel durch bestimmte Erlebnisse, fällt auf, dass alles subjektiv ist. Was sich für dich verletzend anfühlt, muss sich für andere Menschen noch lange nicht so anfühlen, kann gänzlich ohne emotionale Reaktion passieren.

Nehmen wir jetzt mal Mikroverletzungen. Einen Reiz von außen, der dazu führt, dass das Gefühl von Verletztsein (oder Enttäuschung, Frustration, Traurigkeit) in dir entsteht, kannst du dir als Pfeil vorstellen. Der kann nur bei dir landen, wenn du dafür ein Landefeld hast. Ein Triggerfeld. Es muss dich also irgendwie berühren.

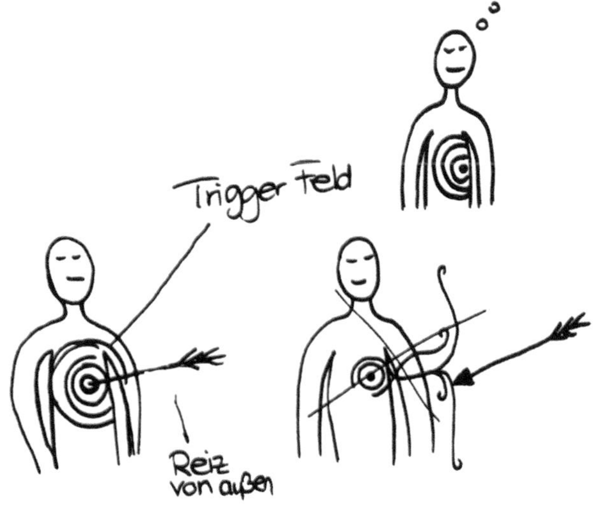

Abbildung 76:
Triggerfelder

Schärfe deine Wahrnehmung: Wo spürst du ein Gefühl der Verletztheit? Auf welches Thema in mir macht mich das aufmerksam? Wo kommt das her – welches (Kindheits-)Programm läuft hier ab? Was kann ich mir stattdessen erzählen?

An dieser Stelle kann dann Mikroheilung entstehen, indem du dein eigenes Landefeld abträgst. Stück für Stück. Bis du derjenige bist, der irgendwann emotional unabhängig da rausgehen kann.

Zum Reflektieren über deine Triggerlandeflächen gehört auch, konstruktive Kritik zu erkennen. Herauszufinden, welche Teile von dem, wie jemand anders auf dich reagiert, vielleicht wirklich deine eigenen sind, und die du dir anschauen möchtest, während du andere, also die Ergebnisse aus der Einordmaschine des anderen, ablehnen wirst.

Dein Bild von mir ist nicht, wer ich bin

Vielleicht gehörst du zu den Menschen, die das schwer aushalten können, wenn jemand ein vermeintlich »falsches« Bild von dir hat. Die dann sofort den Impuls haben, das Bild, die Meinung des anderen korrigieren zu wollen. Absolut nachvollziehbar. Und das kostet sehr viel Energie.

Es tut vielleicht weh, aber jeder Mensch macht sich seine Bilder über alles und jeden. Da draußen schwirren unterschiedliche Interpretationen von dir rum und das werden sie immer tun. Eben weil wir alle unterschiedliche Einordmaschinen haben, mit denen eben auch du angeschaut wirst.

Selbstverständlich darfst du in einer ruhigen Minute reflektieren, was das Ganze mit dir macht, insbesondere wenn es eine starke Reaktion hervorruft.

Wir sind füreinander wunderbare, durch die Welt laufende und aufeinandertreffende Projektionsflächen. Andere für dich und du für andere.

Um dich selbst zu bemerken, zu spüren, brauchst du ein Gegenüber. Um das zu verdeutlichen, kannst du gerade mal deine Lieblingshand nehmen und sie fest auf den nächsten Tisch oder an die nächste Wand drücken. So fühlst du deine Hand durch den Widerstand, den der Untergrund bildet.

Wenn du mittendrin bist im (oder im Anschluss an einen) Tanz mit einem Projektionspartner, kannst du wählen, den anderen in seiner Rolle in deinem Leben zu verurteilen, oder den Blick auf dich zu richten, auf das was du hier gerade über dich lernst, nach dem Motto: »Super!

Danke. Durch dich erkenne ich mich. Ich erkenne meine Schmerzpunkte und meine Sehnsüchte.«

Wenn du das verinnerlichst, kannst du deinem Kopf und deinem Körper zusehen, schauen was so eine Begegnung mit dir macht.

Du hast keine Kontrolle darüber, wie andere Menschen dich sehen, dich interpretieren. Sogar, wenn du versuchst, alles zu beeinflussen oder »geradezurücken« – am Ende hast du auch dann keine Kontrolle, wie dich jemand sieht.

Worauf du Einfluss hast, ist deine Reaktion darauf.

Stell dir mal vor – du könntest vielleicht dein Leben lang beschäftigt sein, all die Bilder versuchen zu korrigieren. Willst du deine Energie nicht lieber für etwas anderes verwenden? Zum Beispiel dafür, frei davon zu sein, wie andere dich einordnen?

Was A zu B sagt, sagt mehr über A aus.

Wie du nun weißt, kreieren wir alle unsere Welten durch unsere Einordmaschine.

Das Verhalten eines Menschen dir gegenüber sagt damit immer etwas über ihn aus. Das bedeutet auch, wenn ein Mensch etwas zu dir oder über dich sagt, sagt das mehr über diesen Menschen, genauer seine Einordmaschine aus, anstatt über dich. Vielleicht hilft dir dieser Gedanke im nächsten Konflikt oder in der nächsten Situation, wo dich etwas anspringt, was ein anderer zu dir äußert oder tut.

Hier ein konkreter Impuls, mit dem du spielen kannst:

Ersetze in solchen Situationen Neugierde und Interesse mit der Reaktion, Aussagen anderer auf sich selbst zu beziehen.

Spiel damit, deinen Bewusstseinsfuß reinzusetzen und gib dir die Chance, anstatt beispielsweise eine Äußerung persönlich zu nehmen und dich (emotional) betroffen zu fühlen, deine Perspektive zu verrücken.

Es ist dann so, als schaltest du deinen Blick um auf deine Neugierde, nach dem Motto: Ah, danke, so siehst du mich. Danke, dass du mir damit einen Blick in deine Einordmaschine gibst. Das schafft einen Abstand und eine Lücke zu deiner vielleicht sonstigen Reaktion.

Solche Sätze zu denken, können dabei helfen, das Gewicht und den Drang zu entspannen, sich rechtfertigen oder ein Bild korrigieren zu wollen.

Anstatt in einen Verteidigungsmodus zu gehen, wann immer es geht, entscheide dich dafür, in die Neugierde zu schlüpfen. Vielleicht hilft dir in der nächsten Situation folgendes Bild, was du dir auch visualisieren kannst, wenn du mittendrin bist.

Abbildung 77:
Projektionen

Das Bild, die Interpretation, die ein Mensch zu dir kreiert: Das ist sein und ihr Bild von dir. Das bist nicht du. Du kannst dir visuell vorstellen, wie dieser Mensch *nicht dich* sieht, wenn er dich anschaut, sondern sich das Bild, was er projiziert, vor dich schaltet und er dieses ansieht. Die Intensität, wie überzeugt der- oder diejenige von der eigenen Interpretation ist, hängt vom Grad des Bewusstseins dieser Person ab.

Fehler als Orientierung

Weil ich so viel male, habe ich immer ein paar Stifte dabei, wenn ich unterwegs bin. Einmal wollte ich einen hellen Weg malen, so einen lichtvollen langgezogenen Weg. Leider hatte ich lediglich schwarze und dunkle Grautöne in Form von Stiften dabei. Als ich anfing zu malen wurde mir klar: Wenn ich aus den dunklen Farben das »Außen« male, als Abgrenzung, rechts und links, dann entsteht in der Mitte mein erwünschter, heller Weg.

Ich habe ein Gedankenexperiment für dich. Stell dir mal vor, eine Fee würde die ganze Welt verzaubern. Der Zauber würde Folgendes beinhalten: Das Konzept »Fehler« würde es nicht mehr geben. Es würde das Bewertungskonzept von »das war falsch« und »das war richtig« nicht geben. In keinem einzigen Kopf von uns Menschen. Das Wort würde es auch nicht mehr geben. Alle Vernetzungen dazu wären aus unserem System gelöscht.

Frag dich mal: Was würde dann passieren?

Wahrscheinlich würdest du auf eine bestimmte Weise handeln. Punkt.

Danach fühlst du weiter, ob es sich gut oder schlecht anfühlt.

Das würdest du zwar wahrnehmen, aber nicht bewerten.

Du würdest es fühlen. Es wäre also eine Erfahrung.

Du hast etwas getan und erfährst deine Reaktion darauf. Punkt.

Danach kannst du selbst entscheiden, ob du das immer wieder haben möchtest oder eher nicht.

Stell dir vor, es würde das Konzept Fehler, in dem Sinne, nicht geben. Wir würden einfach Erfahrungen machen und entscheiden: Mache ich das nochmal oder nicht? Ohne Bewertung.

Du kannst das Konzept Fehler auch reframen. Stell dir dazu Folgendes vor. Eine Fee kommt auf die Erde und verzaubert alle Menschen. Sie hat die Menschen so verzaubert, dass sie mit der Überzeugung umherlaufen: Je mehr Fehler ich mache, desto mehr lerne ich. Sie würden sich über jeden Fehler freuen, wären total dankbar. Würden mit Freude davon berichten, weil sie die Chance sehen, daran zu wachsen.

So wie man sich gerne über tolle Neuigkeiten austauscht, würde man es unbedingt weitererzählen wollen. Weil es ein nächster genialer Wegweiser ist.

Wie in dem Bild, das ich gemalt habe, mit dem hellen Weg in der Mitte. Jede Berührung von einer Erfahrung, die sich nicht gut angefühlt hat, hilft dir, dich wieder auszurichten.

Spiel damit. Die Fee war im wirklichen Leben nicht da, aber du kannst entscheiden, deinen nächsten vermeintlichen Fehler als Chance zu sehen, dich neu auszurichten. Ihm diese Bedeutung zu geben.

Wie wäre dein Leben, wenn du danach leben würdest?

In Selbstliebe schlüpfen

Wenn es um das Konzept der Selbstliebe geht, hast du in dir auch schon mal den Gedanken entdeckt, dass dieses Gefühl, dich (einfach) selbst zu lieben, ganz schön stressig sein kann?

Am Ende geht es in der Idee ja darum, dass du in dir einen neuen Zustand spürst, der einen freundlicheren, liebevolleren Bezug zu dir hervorruft.

Im Endeffekt geht es um eine Haltung dir gegenüber, die sich, wenn sie in der Vollendung angekommen ist, sowohl in deine Gedankenwelt als auch in dein Körpergefühl ergießt. Die folgenden Zeilen können helfen den Einstieg in den Zustand der Selbstliebe weicher zu machen.

Abbildung 78: Selbstliebe

BIS 23
In Selbstliebe schlüpfen

Bewusstseinsintegrationsspiel 23: »In Selbstliebe schlüpfen«

Stell dir vor, du schlüpfst in den Zustand und Ausdruck von Selbstliebe hinein. Und zwar so, wie du ihn für dich definierst. Wie du ihn dir vorstellst. Wie du denkst, fühlst und handelst, wenn du dich komplett selbst lieben würdest.

Als kleine Erinnerung: Emotionen sind Energie. Du kannst in dir Emotionen hervorrufen, somit selbst Energie erzeugen. (Selbst-)Liebe ist Energie, aus der heraus du mit dir selbst und mit der Welt umgehst.

Ob ich Liebe fühle oder nicht, das hängt sehr stark von der Schwingungsmöglichkeit meines Emotionalkörpers ab. Ob ich liebevoll mit mir umgehe und handele, hängt von meinem bewussten Willen und meiner bewussten Ausrichtung ab. Meiner Absicht. Und unterliegt somit meiner Verantwortung.

Wenn ich gerade keine Selbstliebe fühle, dann kann ich dennoch handeln, als würde ich mich lieben. Ich brauche nicht in tiefer Selbstliebe zu sein, um gut und achtsam mit mir umzugehen. Wie würde ich handeln, wenn ich mich gerade komplett selbst lieben würde?

Und nun gehe ich los und mache es genauso. Egal was ich gerade fühle, ich handele, als liebe ich mich komplett. Das ist mein Zaubermittel, denn das Gefühl kann gar nicht anders, als mir zu folgen.

Staunen und Faszination

Ich möchte zwei Qualitäten mir dir teilen, die für mich durch ihre Wirkung einen Schlüssel für nachhaltige Bewusstseinserweiterung darstellen und dir damit zuspielen, wenn dein Leben gerade herausfordernd wirkt.

Vor allem, wenn sie im eigenen Leben kultiviert werden:

Staunen und fasziniert sein sind Zustände, die absoluter Balsam gegen Stress sind und somit direkt in dein Resilienzkonto einzahlen.

Was will man durch Achtsamkeitsübungen lernen? Im Grunde will man lernen, mehr ins Hier und Jetzt zu kommen, und damit aus der Vergangenheit und aus der Zukunft (also aus deinen Geschichten), um das Jetzt wahrzunehmen. Es geht also um ein Umlenken der Aufmerksamkeit ins Hier und Jetzt. Eine Konzentration auf das Hier und Jetzt, oder, um es zu vereinfachen, auf etwas im Hier und Jetzt. Deshalb wird häufig ein Gegenstand oder der Atem als Brücke genutzt.

Staunen und Faszination leben ist ebenfalls ein Weg direkt in diesen Zustand des »Ich erlebe das Hier und Jetzt« hinein. Wieso? Weil wir ganz im Moment ankommen, wenn wir etwas bestaunen oder von etwas fasziniert sind.

Versetze dich gerade mal in den Moment, wo du jemanden zum ersten Mal küsst. Einen wunderbaren Kuss. Da bist du wahrscheinlich mit allen Sinnen komplett im Hier und Jetzt, stimmts? Ähnliches passiert auch, wenn du zum Beispiel eine wunderschöne Pflanze entdeckst, die du noch nie vorher gesehen hast. Oder wenn so magische Momente entstehen, in denen es sich anfühlt, als passiert etwas in genau dem richtigen Zeitpunkt für dich, am richtigen Ort.

Diesen Zustand können wir uns selbst bewusst machen.

Abbildung 79: Überschneidung

Deine Konzentration verlagert sich, sodass andere Gedanken in den Hintergrund treten, wenn wir etwas aus unserer Neugier heraus in allen Details betrachten, alles einfangen wollen und uns damit voll und ganz darauf einlassen.

Das Ganze hat auch noch einen Nebeneffekt:

Wenn wir von etwas in der Welt so fasziniert sind, dann erinnert es uns ganz banal daran, dass es mehr gibt als uns. Dass es etwas Größeres gibt als uns, etwas, das uns übersteigt (vgl. Pichler, 2023). Das kann zum Beispiel eine Brücke in Gefühle wie Dankbarkeit und Demut sein.

Bei mir zeigt sich dieses Gefühl in dem Moment, in dem ich den Himmel betrachte. Sehr stark erlebbar, wenn es der Nachthimmel ist.

In den kleinen Details bemerken wir, wie wundervoll und genial die Welt sein kann. Vielleicht kennst du diese Momente, in denen du wie von selbst einen Schritt zurückgehst und in einen Zustand der Ehrfurcht gerätst, anstatt mit dem üblichen Tunnelblick durch die Welt zu schauen bzw. eben nicht zu schauen.

BIS 24
Schaffe Staunmomente

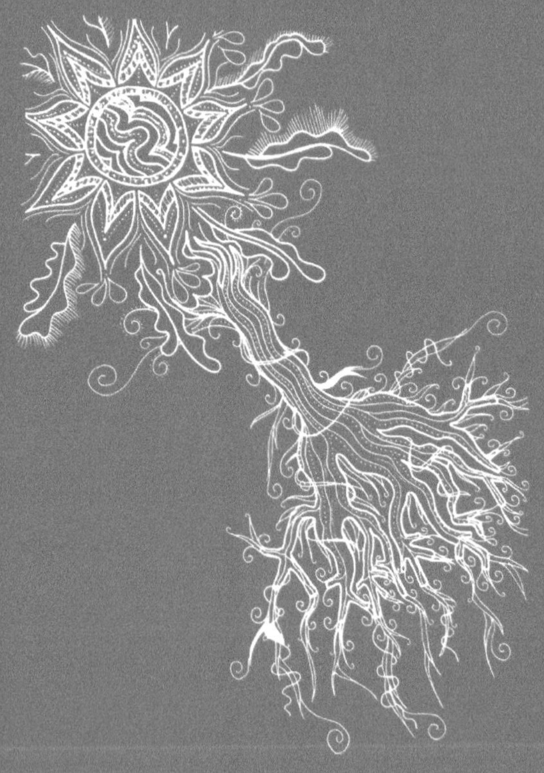

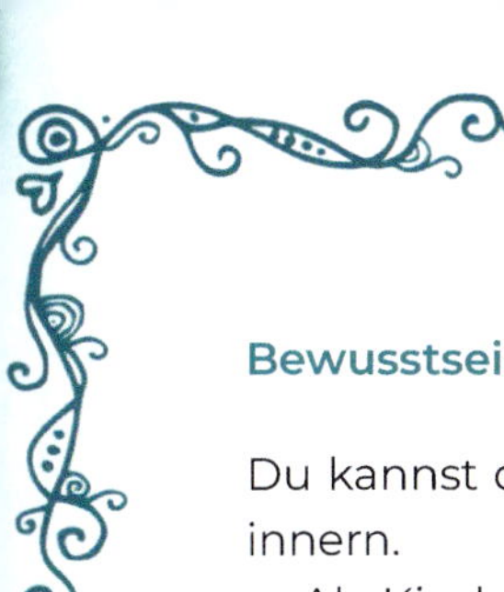

Bewusstseinsintegrationsspiel 24: »Schaffe Staunmomente«

Du kannst das lernen, oder eher wieder entwickeln, wiedererinnern.

Als Kind warst du quasi die ersten Lebensjahre dauernd in diesem Gefühl, da du so vieles zum ersten Mal erlebt hast.

Du trägst es in dir – und kannst dich erinnern. Für einen Erwachsenen fühlt es sich an wie »neu lernen«.

Dafür kannst du das folgende Spiel nutzen.

> Nimm dir fünf Minuten Zeit und suche dir einen Gegenstand. Hierfür kannst du gerne in die Natur gehen, da das Staunen hier noch schneller gelingt. Schau dir diesen Gegenstand (Blume, Stein, Schneckenhaus) so genau an, in allen Details, wie du gefühlt noch nie etwas betrachtet hast. Versuche jedes winzige Detail zu entdecken. Auch wenn dein Kopf dir signalisiert: Gott, ist das langweilig, betrachte das Ganze weiter. Was siehst du? Du kannst alle deine Sinne nutzen. Was riechst du? Schmeckt es nach etwas? Was fühlst du? Fühlen sich Teile daran unterschiedlich an? Stell dir vor, du hast so etwas noch nie im Leben gesehen und gefühlt. Was würde dir dann auffallen?

Wippe – Integration und dein neues Normal

Abbildung 80: Lego

Als Kind habe ich zusammen mit meinem Bruder teilweise ganze Legostädte erschaffen. Als Untergrund gab es entweder vorgefertigte Legoplatten oder wir haben einzelne Legoteile aneinandergesetzt und ihn damit selbst gebaut.

Das ist dann wie ein Klicksystem, um das Fundament zu legen für die Legowelt obendrauf.

Ich höre jetzt noch dieses »Klick«, wenn die Teile miteinander verbunden werden. Kennst du noch diese großen weichen Puzzleteile zum Beispiel in Form von Buchstaben, die es häufig in Kindergärten gab? Die kann man auch ineinanderklicken und dann als Untergrund nehmen, um darauf zu laufen.

Dieses Ineinanderklicken von einzelnen Untergrundsteinen kann man auch auf die Persönlichkeitsentwicklung übertragen: Manchmal gibt es kognitive, manchmal körperliche Klicks.

Am kraftvollsten ist der Zustand, wenn das, was für dich schon auf Kopfebene klick macht, auch im Körper klick macht. Wenn das, was du weißt, fühlbar wird. Dann sind dein Kopf und dein Körper beide von diesem Neuen überzeugt, sodass es ein neues Normal für dich gibt.

Kippmomente in ein neues Leben

Für viele Menschen ist es erst mal einfacher, sich im Anschluss an eine Situation zu reflektieren, also Bewusstsein im Großformat zu schaffen.

Du kennst bestimmt auch diesen Moment von: »Oh Mann, ich hätte in der Situation heute am liebsten X gesagt, anstatt …«, eben dieses: Hinterher ist man immer schlauer oder eben bewusster.

Für manche Menschen ist es hilfreich, sich feste Reflexionsroutinen einzurichten, zum Beispiel durch Journaling (Tagebuchschreiben) am Abend oder durch bestimmte Gespräche mit vertrauten Personen, oder indem man sich einen festen Zeitpunkt in der Woche schafft, indem man sich reflektiert.

Vielleicht auch mit einem Leitfaden, wie die verschiedenen Lebensbereiche hier aus diesem Buch oder die Reflexionsfragen, die du ganz ehrlich für dich beantworten kannst, um zu schauen, wo du gerade stehst. Du machst also einen Selbstcheck für dich.

Ich habe sehr viel Bewusstsein im Großformat praktiziert.

Das war bei mir ein ganz individueller Mix an Achtsamkeitspraktiken, Meditationen, Schreiben, Journaling, Therapien, Gesprächen, Seminaren, Workshops, Ausbildungen, Austausch und Reisen. Geholfen hat mir hauptsächlich das Aufschreiben meiner Gedanken und Gefühle. Das Abladen von all dem, was in mir vorgeht.

Abbildung 81: Verschiebung

Abbildung 82:
Wippe

Du wirst hier deinen eigenen Rahmen für dein Bewusstsein im Großformat finden.

Mithilfe der Selbstreflexion konnte ich Situationen im Anschluss für mich sehr ausführlich reflektieren und bewusst erkennen, warum ich wie gehandelt habe, wie ich gerne gehandelt hätte und beim nächsten Mal handeln möchte. Auf diesen aktiven Bewusstseinsteil konnte ich dann immer unmittelbarer nach einer Situation zugreifen.

Aus diesem Grund sind Achtsamkeitsübungen und Entschleunigungspraktiken so wichtig. Stell dir vor, du willst in einen Augenblick Bewusstsein reinkriegen. Stell dir dein Leben wie ein Video vor, das schnell abläuft. Wenn du in einen Moment reinzoomen willst, um zu schauen, was da drin ist, kannst du die Geschwindigkeit rausnehmen, bis du in den Moment einsteigen kannst.

Häufig übt man sich im Bewusstsein im Großformat so lange, bis man es irgendwann schafft, mit dem Bewusstsein to go immer näher an die tatsächliche Situation heranzukommen. Und irgendwann hat man den Fuß in der Bewusstseinstür, während man drin ist. Da hat man das antrainierte Bewusstsein in den Moment hineinverlagert. Direkt dorthin, wo neue Lebensmomentstückchen durch dich selbst entstehen.

Und dann lässt du sie entstehen. So wie du sie haben möchtest.

Du denkst, was du denken möchtest, und du fühlst, was du fühlst, und du tust, was du tun möchtest.

Und dann wiederholst du genau das.

Die Wippe als Element symbolisiert das, was passiert, wenn du dir neue Möglichkeiten für deinen Alltag eingebaut hast. Wenn die Integration passiert ist.

Go as fast as the slowest part of you feels save

Erinnerst du dich, dass du mal auf einer Wippe balanciert bist? Schritt für Schritt, vorsichtig, weil du nicht wusstest, ob du dem Ganzen wirklich trauen kannst? Du hast Babyschritte gemacht, bis das Holz unter dir kippte. So muss sie auch kippen, wenn deine neue Sammlung an Erfahrungen schwer genug ist, um von etwas Neuem überzeugt zu sein.

Wissenspopcorn

Neuroplastizität

Neuroplastizität ist die Fähigkeit des Gehirns, seinen Aufbau und seine Funktionen zu verändern, das ganze Leben lang. Ganz egal, was und wie prägend bestimmte Erlebnisse und Schlussfolgerungen waren: Unser Gehirn und somit auch das Erschaffen unseres Gedankeninhaltes kann sich komplett ändern (vgl. Arand, 2021).

Was geht dem Kippmoment voraus?

Im Prinzip legst du eine Sammlung neuer Überzeugungen als Gegengewicht zu deinen alten Überzeugungen an.

Zur Erinnerung: Man war auch mal überzeugt, dass die Welt eine Scheibe ist, bis das Gegenteil bewiesen wurde …

An dieser Stelle sage ich: »Spielstopp!«

Deine Kippmomente

Wo in deinem Leben hast du schon mal erlebt, dass du komplett aus dem Nichts etwas erschaffen hast?
Was hast du mal über dich geglaubt und jetzt nicht mehr?
Was hast du mal über die Welt geglaubt und tust es jetzt nicht mehr?
Welches Verhalten (Strategie) hast du früher regelmäßig genutzt und jetzt handelst du anders?
Wovon warst du mal durch und durch überzeugt und jetzt gar nicht mehr?
Was hat es gebraucht, um davon nicht mehr überzeugt zu sein?

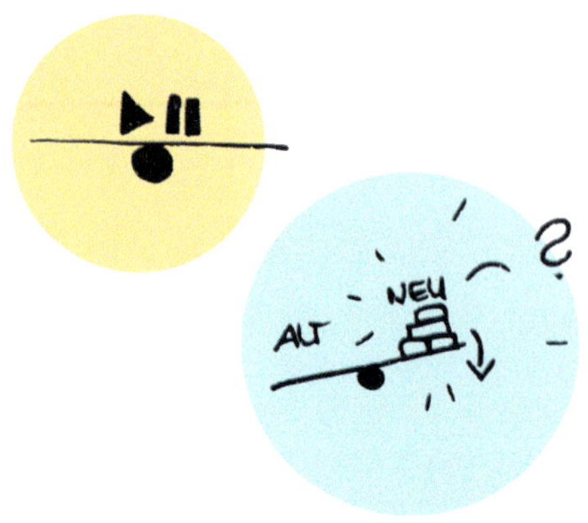

Abbildung 83:
Wippenspiel

Du kannst dir hier auch zwei Seiten einer Waage vorstellen.

Auf der einen Seite liegen die schwerwiegenden alten Überzeugungen, die mit jeder Erfahrung an Gewicht zulegten.

All die konditionierten (Ge-)Schichten.

Auf der anderen Seite liegt nun das Neue, das angefüttert, beladen wird, um die erste Seite der Waage auszugleichen.

Wenn du deine neue Sammlung lange genug angefüttert hast, wird sie so schwer und beständig genug sein, um die Wippe ins Kippen zu bringen.

Dein gesamtes bisheriges Weltbild wird zum Kippen gebracht.

Genauer gesagt ist es der Moment, wo ein neuer Glaubenssatz mit neuer Strategie so in deinem Leben angekommen ist, dass das neue Verhalten an der Grenze zum Autopiloten steht und damit zum neuen Normal für dich wird. Da passiert es.

Dann kannst du auf der anderen Seite runterlaufen wie in eine neue Welt.

Abbildung 84:
Rahmenspirale

Abschluss: Von innen nach außen

Abbildung 85: Von innen nach außen

Wie in der Einführung beschrieben, habe ich mir irgendwann bewusst gemacht, dass ich seit meiner Kindheit gerne Spiralen male, die uns auch hier durch das Buch begleitet haben.

Und wie das mit dem Bewusstsein ist, wird das immer feiner und es fällt einem dadurch noch mehr auf. Dieses Phänomen wird dir vielleicht auch begegnen. Das ist dann manchmal wie so eine Erkenntnislawine.

Ich habe mich dann mal dabei beobachtet, *wie* ich die Spiralen genau male, wie die bei mir entstehen. Ich setze mit dem Stift innen an, in einem Punkt, und die Spirale entsteht dann drum herum, durch das von innen nach außen Malen.

Wenn man die Form der Spirale einfangen möchte, dann lässt sie sich beschreiben als eine Kurve, die aus unendlichen Windungen besteht, um einen festen Mittelpunkt.

Diese Form kannst du auch auf dein Leben übertragen.

Du kannst dich fragen: Hörst du auf deine innere Stimme, kreierst du von dort los oder reagierst du auf das, was man dir im Außen sagt?

Mit diesem Buch hast du nun verschiedene Impulse als Zugänge zu deinen inneren Prozessen bekommen, von denen aus du starten kannst.

Egal wo du ansetzt: Es sind letztendlich alles Mikroeinstiege, die du dir vornehmen oder antrainieren kannst: in deinen Gedanken, in deine Gefühle oder in dein Handeln. Du schaffst durch diese Mikroeinstiege den Zugang in dein Inneres. Aus dem Inneren heraus kannst du neu wählen bzw. neu kreieren.

Abbildung 86:
veränderte Dreiecke

Jetzt hast du eine Sammlung an Tools, um dich selbst wahrzunehmen und damit auch einen einfacheren Zugang zu deiner inneren Stimme zu generieren: vom Erkennen deiner konditionierten (Ge-)Schichten über das Update für deine Einordmaschine bis zu deinem Ursache-Wirkungs-Prinzip 2.0.

Wenn du erkennst, dass du selbst Macher (Schöpfer) deiner Gedanken, deiner Gefühle und deiner Handlungen bist, dann weißt du, an welchem Mittelpunkt du einsteigen kannst. Denn dann weißt du, dass alles, worin du dich jetzt eingerichtet hast, das Ergebnis ist.

Bastelst du dein nächstes Lebensmomentstückchen von innen nach außen oder von außen nach innen? Du bist der Regisseur für dein Leben. Ob du dein eigenes Drehbuch bewusst oder unbewusst schreibst, das darfst du selbst entscheiden.

Abbildung 87:
Pause Play

Zu Beginn dachte ich auch, dass die größten Gamechanger in meinem Leben die waren, die sich so anfühlten, als würde ich die Welt, auf der ich nun schon einige Jahre rumlaufe, noch einmal komplett neu kennenlernen.

Denn am Ende geht's immer wieder darum, dich kennenzulernen und zu schauen, wo du noch mit deinem Kinderprogramm rumläufst und wo du schon das Update in der Erwachsenenversion eingespielt hast. Den neuen Updates sind dabei keine Grenzen gesetzt.

Diese kleine Spielesammlung kann dich daran erinnern: Du kannst jederzeit nochmal eine Entwicklungsrunde drehen, genau wie als Kind.

Denn am Ende ist deine komplett neue Welt für dich nur einen kleinen (bewussten) Schritt entfernt. Du kannst dir die so vorstellen, als wäre sie immer neben dir platziert. Du musst diesen Schritt nur gehen durch deinen nächsten Schritt, manchmal auch immer wieder.

Und eigentlich wünsche ich mir, dass die ganze Welt dieser Spielplatz der Selbstentfaltung ist, in dem du dich so sicher fühlst, dass du dich überall frei entfalten kannst. Du dich überall und immer neu entdecken und das, was du entdeckt hast, ausdrücken kannst. Denn eigentlich geht deine Entdeckungstour jetzt erst so richtig los – wenn du möchtest.

Und wenn es nicht die ganze Welt für dich ist, dann suche dir einen Raum, in dem du dich sicher fühlst.

Abbildung 88:
Deine Welt

Dieses Buch kannst du immer mal wieder aufschlagen, vielleicht auch, wenn du mal wieder eine wunderbare Irritation für dein System brauchst.

Du hast nun ein paar Impulse. Und am allerwichtigsten:

Du hast dich. Du hast deine Gedanken, deine Gefühle und dein Verhalten. Alles ist in dir, jetzt, gleich, morgen und übermorgen.

Schau dich selbst bei dieser Entfaltungsreise mit den liebevollsten Augen an, die du aufbringen kannst. Und stress dich nicht, wenn es nicht die nächste Alltagsszene ist, wo du den Fuß in die Bewusstseinstür kriegst.
Dann wird es vielleicht die darauffolgende.
Ich wünsche dir viel Mut, Neugierde und Freude beim Kreieren deiner neuen Lebensmomentstückchen.

Ich bin gerne für dich da, falls du eine noch tiefere Begleitung wünschst. Ansonsten hast du dieses Buch, das du immer aufschlagen kannst, wenn du mal wieder eine wunderbare Irritation für dein System brauchst.

Kreiere was das Zeug hält. Entfalte dich so bunt, glitzernd und sowas von aus deinem wahrhaftigen Ich heraus, wie gerade möglich ... :)

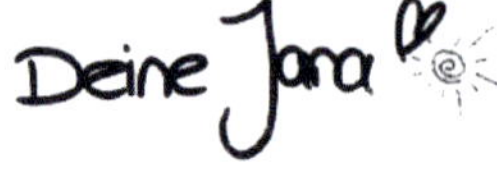

Zum Abschluss ein letztes »Spielstopp!«

Stell dir vor, das Mars- oder Venus-Weibchen vom Anfang würde nun nochmal zu dir kommen und dich fragen:
Erzähl mir, was ist die Welt?
Was würdest du antworten, jetzt in diesem Moment?

Übersicht über die Bewusstseinsintegrationsspiele

1. Inneninventur
2. Filterprüfung
3. Made by me
4. Realitätsbrillenverleih
5. Überzeugungen auflockern
6. Gegenbeweise sammeln
7. Einmal Kette zu Ende denken
8. Babygehirn spielen
9. Gänseblümchenkarussell
10. Dankbarkeitssammlung Routine
11. Das Universum ist noch viel krasser
12. Erlebnisse abschließen
13. Der nächstschönere Gedanke
14. Mut-Liste
15. Oh toll, eine Gefühlswelle!
16. On- und Off-Knöpfe
17. Bastle dir deine Visionsmediathek
18. Streue neue Ursachen in die Welt
19. Ich finde eine Lösung
20. Schreib deine Story um
21. Vorteile des Problems
22. Und der Preis für die kreativste Idee geht an ...
23. In Selbstliebe schlüpfen
24. Schaffe Staunmomente

Literatur

Acevedo, B., Aron, A., Fisher H., Brown, L. (2011). Neural correlates of long-term intense romantic love. Social Cognitive and Affective Neuroscience, 7 (2), 145–159.

Amann, E. G. (2014). Resilienz. Freiburg i. Brsg.: Haufe.

Amato, P. (1996). Explaining the intergenerational transmission of divorce. Journal of Marriage and Family, 58 (3), 628–640.

Amato, P. (2000). The consequences of divorce for adults and children. Journal of Marriage and the Family, 62 (4), 1269–1287.

Amato, P. (2001). Children of divorce in the 1990s: An update of the Amato and Keith (1991) meta-analysis. Journal of Family Psychology, 15 (3), 355–370.

Arand, S. (2021). CUREosity erklärt: Neuroplastizität. CUREosity. https://www.news-cureosity.com/post/cureosity-explains-neuroplasticity (Zugriff am 24.05.2024).

Baecker, D. (2020). Autopoiesis. In Lexikon des systemischen Arbeitens. Heidelberg: Carl-Auer. https://www.carl-auer.de/magazin/systemisches-lexikon/autopoiesis (Zugriff am 24.05.2024).

Brown, B. (2020). The wholehearted parenting manifesto. https://brenebrown.com/art/the-wholehearted-parenting-manifesto-2/ (Zugriff am 24.05.2024).

Carle, E. (1969). Die kleine Raupe Nimmersatt. Oldenburg: Stalling.

Castillo, B. (2014). Thought management. Episode im Podcast: The life coach school.

Castillo, B. (2017). The life coach school. Podcast.

Coaching Akademie Schweiz (CAS). Inhalte aus dem Ausbildungsblock: Dipl. wertorientierter systemischer Coach & BeraterIn.

Die Blinden und der Elefant. https://www.thur.de/philo/hegel/elefant.htm (Zugriff am 24.05.2024).

Dispenza, J. (2020). Facebook Post. https://m.facebook.com/drjoedispenza.de/photos/a.278113912550480/1224919107869951/?type=3 (Zugriff am 24.06.2024).

Doyel, G. (2019). First the pain, then the rising. Podcast Super Soul Special von Oprah Winfrey.

Drucker, K. (2005). Gentle with myself. Album: Songs of the Spirit III.

Ennenbach, M. (2017). Alles unterliegt dem Prinzip von Ursache und Wirkung. In M. Ennenbach, Inspiration in 108 Leitsätzen (S. 263–264). Berlin: Springer.

Förster, K. (2024). Gefühle wahrnehmen. Freiraum Psychologische Beratung. https://www.freiraum-psychologische-beratung.de/index.php/blog/49-gefuehle-wahrnehmen (Zugriff am 24.06.2024).

Freiburger Familientherapeutischer Arbeitskreis e. V. (FFAK). Inhalt aus Fortbildungen und Ausbildungsseminaren: Paar- und Familientherapie/Systemische Kompetenz, Weiterbildungszentrum in Freiburg im Breisgau, Baden-Württemberg.

Fthenakis, W. (2008). Die Familie nach der Familie: Wissen und Hilfen bei Elterntrennung und neuen Beziehungen. München: Beck.

Gielas, A. (2014). Hart im Nehmen. Psychologie Heute, 4, 31.
Gilbert, E. (2019). Your life's is calling. Podcast Super Soul Conversations von Oprah Winfrey.
Gilbert, E. (2020). Du bist der wichtigste Mensch in deinem Leben. In Happy, holy & confident. Podcast von Laura Malina Seiler.
Glasersfeld, E. von (1997). Radikaler Konstruktivismus. Ideen, Ergebnisse, Probleme. Frankfurt a. M.: Suhrkamp.
Gottman, J., Silver, N. (2014). Die Vermessung der Liebe. Vertrauen und Betrug in Paarbeziehungen (Engl. Originaltitel: What makes love last? How to build trust and avoid betrayal). Stuttgart: Klett-Cotta.
Haller, M.-T. (2021). Rad des Lebens: Deine 10 Lebensbereiche. Nach »Wheel of Life«. Verrück Dich Coaching. https://verrueck-dich.com/rad-des-lebens/ (Zugriff am 24.05.2024).
Horx, M. (2017). Future Love: Die Zukunft von Liebe, Sex und Familie. München: Deutsche Verlags-Anstalt.
Katie, B. (2024). The Work. Byron Katie International. https://thework.com/sites/de/the-work/ (Zugriff am 24.05.2024):
Klein, G. N. (2022). »Ehrliches Mitteilen« in der Praxis. Sinn des Lebens QS24 Schweiz. https://www.youtube.com/watch?v=4lYj6OZ5Cwk (Zugriff am 24.05.2024).
Kreutzer, R. (2020). Denken neu denken: Warum und wie wir unser Denken ändern müssen. Hamburg: tredition GmbH.
Mai, J. (2024). Selbstwirksamkeit: Definition, Bedeutung + wie fördern? In Karrierebibel. https://karrierebibel.de/selbstwirksamkeit/ (Zugriff am 24.05.2024).
Marquardt, S. (2023). Systemisch Denken: Eine weite Perspektive einnehmen. https://www.nlp-rhein-neckar.de/ueber-unsere-methoden/systemisches-denken-definition (Zugriff am 27.05.2024).
Mauritz, S. (2018). Kreativität und Resilienz. Resilienz Akademie. https://www.resilienz-akademie.com/kreativitaet-und-resilienz/ (Zugriff am 27.05.2024).
Mauritz, S. (2023). Krisenreflexion mit der Heldenreise – Entdecken Sie Ihren Resilienzweg. Resilienz Akademie. https://www.resilienz-akademie.com/krisenreflexion-heldenreise/ (Zugriff am 27.05.2024).
Nietzsche, F. (1969). Also sprach Zarathustra. Werke II (6. Aufl.). Frankfurt a. M.: Ullstein.
Petermann, F., Brähler, E. (2019). Ressourcen und Ressourcenaktivierung. Zeitschrift für Psychiatrie, Psychologie und Psychotherapie, 67 (3), 141–143.
Pfeffer, J. (2022). Herzens Spielplatz Podcast. Podigee.
Pfeffer, J. (2023). Einmal Sicherheit to go, bitte. Remscheid: Rediroma Verlag.
Pichler, R. (2023). Achtsamkeit lernen: Staunen und Dankbarkeit als Grundhaltungen für ein achtsames Leben. https://reinhardpichler.at/persoenlichkeit/achtsamkeit-lernen/ (Zugriff am 27.05.20224).

Rare, 4J Studios (1998). Banjo-Kazooie, Nintendo 64.

Rinpoche, S. (2004). Das Loch in der Straße. In S. Rinpoche, Das tibetische Buch vom Leben und vom Sterben: Ein Schlüssel zum tieferen Verständnis von Leben und Tod. Frankfurt a. M.: Fischer Taschenbuch-Verlag.

Rosik, M., Carlé, J. (2015). Der hypnosystemische Ansatz – Eine Einführung. https://marcusrosik.de/hypnosystemik/ (Zugriff am 27.05.2024).

Rutter, M. (2012). The social ecology of resilience. A handbook of theory and practice. New York: Springer.

Satir, V. (2016). Selbstwert und Kommunikation. Familientherapie für Berater und zur Selbsthilfe. Stuttgart: Klett-Cotta.

Schefter, T. (2003/2019). Aphorismus zum Thema Sicherheit. In Epiktet, Handbüchlein der Moral (Encheiridion), von Arrian angefertigter Auszug aus den Lehrgesprächen Epiktets, um 125 n. Chr. https://www.aphorismen.de/zitat/3879 (Zugriff am 27.05.2024).

Schmidt, G. (2013). Liebesaffären zwischen Problem und Lösung. Hypnosystemisches Arbeiten in schwierigen Kontexten (5. Aufl.). Heidelberg: Carl-Auer.

Schmidt, G. (2021). KrisenChancenNutzen. Video-Reihe der sys Telios Klinik, Wald-Michelbach. https://www.youtube.com/watch?v=V4JoDATqB-U (Zugriff am 27.05.2024).

Schmidt, G. (2022). Der hypnosystemische Ansatz. Grundprämissen, Ressourcen und Problemtrance. https://www.lifelessons.de/workshops/; https://www.youtube.com/watch?v=bk0Qsx1PN68 (Zugriff am 24.06.2024).

Scholz, K. (2022). Fühlen, Denken und Handeln: Sei dir deiner Selbstkontrolle bewusst! Aus dem Skript »Einführung in die Verhaltenstherapie« der Deutschen Heilpraktikerschule Leipzig. https://deutsche-heilpraktikerschule.de/fuehlen-denken-und-handeln-sei-dir-deiner-selbstkontrolle-bewusst/ (Zugriff am 27.05.2024).

Schwing, R., Fryszer, A. (2016). Systemische Beratung und Familientherapie – kurz, bündig, alltagstauglich (5. Aufl.). Göttingen: Vandenhoeck & Ruprecht.

Seiler, L. M. (2019). Happy, holy & confident. Podcast.

Seiler, L. M. (2022). Wie du lernst, Kritik nicht persönlich zu nehmen – Interview Special mit Karin Kuschik. Folge aus Podcast »Happy, holy & confident«.

Seom (2014). Kinder des Lichts. Album: Spirit. Sonic Revolution.

Stahl, S. (2015). Das Kind in dir muss Heimat finden. Der Schlüssel zur Lösung (fast) aller Probleme. München: Kailash Verlag.

Taxis, T. (2024). Wache auf und sei frei! Wie du dauerhaft wahres Glück und inneren Frieden erschaffst. Aus dem Format: Welt im Wandel TV.

Thun-Hohenstein, L., Lampert, K., Altendorfer-Kling, U. (2020). Resilienz – Geschichte, Modelle und Anwendung. Zeitschrift für Psychodrama und Soziometrie, 19 (7), 7–20. https://link.springer.com/article/10.1007/s11620-020-00524-6 (Zugriff am 24.05.2024).

Tolle, E. (2005). Eine neue Erde – Bewusstseinssprung anstelle von Selbstzerstörung. München: Arkana.

Vaas, R. (2000). Emotionen. In Lexikon der Neurowissenschaft. Heidelberg: Spektrum Akademischer Verlag. https://www.spektrum.de/lexikon/neurowissenschaft/emotionen/3405 (Zugriff am 27.05.2024).

Wieking, S. (2023). Konstruktivismus und Ko-Konstruktivismus. Blog: Erzieherkanal. https://www.erzieherkanal.de/konstruktivismus (Zugriff am 27.05.2024).

Zimmer, C. (2011). Das Gehirn als Netzwerk. Spektrum Magazin vom 23.09.2011. www.spektrum.de/magazin/das-gehirn-als-netzwerk/1121034 (Zugriff am 27.05.2024).

Zoller, E. (2023). Die Blinden und der Elefant. In Unterrichtsvorschlag. https://www.zebis.ch/sites/default/files/2023-03/Die%20Blinden%20und%20der%20Elefant.pdf (Zugriff am 27.05.2024).

Inspirationsquellen für Illustrationen

Bild *Ressourcen*:

Damaso, I. (2023). In Anlehnungen an Skizzen von Vera Birkenbihl. Im Rahmen des Ausbildungsblockes: Dipl. wertorientierter systemischer Coach & BeraterIn.

Bild *E Motion:*

Nazer, R. (2023). Accept how you feel. Rainbow Brainskull. https://raminnazer.com/collections/prints (Zugriff am 27.05.2024).

Hinweis auf Downloadmaterial

Das Material finden Sie im Verlagswebshop
beim Buchtitel im Downloadbereich.
Code: BBhM3JDg